Franziska Krattinger

Die 7 universellen Gesetze

DIE 7 UNIVERSELLEN GESETZE

Spielregeln für ein Leben in Vielfalt

Franziska Krattinger

SILBERSCHNUR

ISBN: 978-3-89845-266-3

1. Auflage 2009

Gestaltung & Satz: XPresentation, Boppard
Druck: Finidr, s.r.o. Cesky Tesin

Verlag »Die Silberschnur« GmbH · Steinstr. 1 · 56593 Güllesheim
www.silberschnur.de · Email: info@silberschnur.de

INHALT

*Alles sollte so einfach wie
möglich gemacht werden,
aber nicht einfacher.*

Albert Einstein

Einleitung

Die Erkenntnisse in diesem kleinen Buch sind bewussten Menschen längst bekannt, und dennoch erlebe ich es immer wieder, dass es Momente gibt, in denen uns das Unbewusste steuert und wir aus unserer Selbstbestimmung »herausfallen«. Eine höhere Macht steuert unser Leben, bis wir erkennen, dass wir selbst diese Macht sind.

Bewusstsein erfordert eine konstante Konzentration auf das Wesentliche. So soll dieses kleine Werk den Menschen dazu dienen, sich der wesentlichen Grundlagen immer bewusst zu sein, und es soll uns die Tatsachen und Wirkungen immer in Erinnerung rufen, denn sie sind der Schlüssel für unsere Befreiung. Die 7 Prinzipien dienen unserer inneren und damit auch unserer äußeren Klarheit. Sie helfen uns maßgeblich bei der Erfüllung unseres Seelenplanes.

Meine Erkenntnisse basieren auf Selbsterfahrung sowie auf dem Austausch mit zahlreichen Meistern, und sie sollen die eigenen Erkenntnisse des Lesers im besten Sinn erweitern, klären, stärken und vielleicht auch nur bestätigen. In erster Linie soll dieses Buch jedem in der einfachen, praktischen Anwendung im Alltag dienen. *Übertrage diese Erkenntnisse in deine täglichen Erlebnisse, und du erkennst deine wirkende Kraft hinter allem. Deine innere Haltung bestimmt die Art und Weise deiner Erfahrungen. Werde Herr deiner Gedanken und Emotionen, dann gehört dir die Welt!*

Unser Leben ist ein fortlaufender, geistiger Prozess von bewussten und unbewussten formellen Zuständen. Wir streben alle nach der Vereinigung mit der Quelle, auch wenn uns dies nicht bewusst ist, und so treibt uns eine Sehnsucht ins Zentrum des Lebens, in die Mitte, in die lebendige Stille. Jeder wächst durch sich selbst und nicht durch andere. Daher kann keiner das Leben des anderen leben, genauso wenig kann ein Mensch die Probleme eines anderen lösen – doch kann jeder auch zur Lösung anderer beitragen, weil es meist auch ihn selbst betrifft. Wie lange der Einzelne für seinen Weg braucht, ist in jedem Fall individuell. Der eigene Wille und das eigene Wollen sind *maßgebend*, wie zügig wir in unserem Befreiungsprozess voranschreiten.

Die meisten Menschen drängt ein inneres Bedürfnis, die Wahrheit über den Sinn des eigenen Daseins erkennen und begreifen zu wollen und so nach den Grundlagen des eigenen Schicksals zu forschen. Ein Teil sucht die Erklärung in der Vergangenheit und bleibt darin stecken, ein anderer Teil hofft auf die Zukunft und vergeudet das Leben mit warten. Doch auf diese Weise verpasst man das Leben, denn JETZT ist der Moment der Befreiung. Die gewonnene Erkenntnis aus der Vergangenheit kann helfen, im Jetzt die Zukunft im erweiterten Sinn zu visualisieren und so gewünschte Resultate zu bewirken. In der Rückschau kann man seine vergangenen Geisteshaltungen erkennen, die in den erlebten Geschichten deutlich ihren Ausdruck gefunden haben. Der Weise begreift sich selbst und ist bereit, seiner Wahrheit zu begegnen. Die schonungslose Selbstbetrachtung ermöglicht es uns, das eigene Denkschema zu verändern und damit bewusst die Zukunft zu bestimmen. Mit der geistigen Vorschau dagegen bestimmt man die persönliche Neuausrichtung.

Wenn du dein inneres Wesen erkennst, so begegnest du der Schaltzentrale deines eigenen Schicksals. Die Macht liegt immer in deinem Geist und somit in deinen eigenen Handlungen.

Das Leben und somit alle Lebensformen werden nach universellen Gesetzen regiert. Wer diese begreift, kann sich alle Lebenszustände, Situationen und Realitäten erklären. Diese Gesetze sind unfehlbar, und somit herrscht in allem Gerechtigkeit, denn alles untersteht dieser alles bestimmenden Ordnung. Der Kosmos schließt alles und alle mit ein, es gibt keine Ausnahmen.

Diese allumfassende Gerechtigkeit lässt sich nur begreifen, wenn wir alles im Großen und vor allem im GANZEN betrachten, indem wir von umfassenderen, größeren Zusammenhängen ausgehen. Die 7 Prinzipien des Lebens zeigen uns auf, warum eine positive Geisteshaltung aus reiner Selbstliebe hervorgeht und warum jeder ist, was er ist.

Die Regeln des Lebens stellen eine sich selbst regulierende kosmische Ordnung her.

Alles, was existiert, geschieht von selbst, aufgrund der jeder Form innewohnenden Geistigkeit (Mentalität).

Wie gesagt, gelten die universellen Gesetze für alle, auf allen Ebenen und in allen Bereichen, nichts und niemand kann sich ihnen entziehen.

Es gibt 7 Bewusstseinsebenen, die wiederum in 7 Bewusstheitsgrade eingeteilt sind. So streben letztendlich alle Seelen irgendwann den »7. Himmel« an ...

Grundlegende Gedanken

Warum sind wir hier?

Es gibt nichts Schlechtes, an dem nicht auch etwas Gutes ist.

Jedes Übel hat auch sein Gutes.

Wir sind Geistwesen, die sich auf einer Linie entweder aufwärts oder abwärts bewegen. Unsere Geisteshaltung ist die Ausgangslage unseres Schicksals, und sie bestimmt die weitere Richtung, in die wir uns entwickeln.

Die drei Gründe unseres Hierseins:
Karma: Mangelbeseitigung durch die Macht unserer eigenen Geisteskraft.

Dharma (positives Karma): Erweiterung sowie Einsetzen unserer Fähigkeiten, Begabungen und Talente und Gewinn durch Selbstverwirklichung. Weiterentwicklung für die Seele: Es geht darum, eine höhere Bewusstseinsebene zu erreichen.

Durch Reinkarnation entscheiden wir uns – in weiser Voraussicht und zum Zwecke der seelisch-geistigen Weiterentwicklung – in einer bestimmten Form (Körper / Familie) zu existieren. Diese selbstbestimmten Lebensumstände basieren auf einer vergangenen, persönlichen Geisteshaltung und zeigen die Grund- und Ausgangslage unseres Seelenzustandes. Jede Seele wählt diese Umstände in weiser Voraussicht, um ihre Befreiungsschritte im Sinne des Gesamtwesens zu tun. **In allem begegnet man zuerst einmal sich selbst!** »Ich bin, was ich bin!« **Jede Seele verkörpert** sich in individueller Form, die **durch die Summe aller vorangegangenen Existenzen** bestimmt ist.

So ist jeder jetzt sein Maximum! Ist die Lebenswahl getroffen, kann sie nicht mehr geändert werden, also ist der menschliche Wille durch den Willen der

Seele bestimmt, und die menschliche Wahl scheint beschränkt. So glauben Menschen, sie hätten keinen freien Willen und müssten einfach hinnehmen, was geschieht. Dies ist anfangs bestimmt so, doch mit einem starken, persönlichen Willen bildet man seine Absicht, und dadurch kann die gegebene Situation verändert, gelöst und neu ausgerichtet werden, wenn man selbst erkennt, wie die eigenen Kräfte wirken.

Nun sind wir hier, um unsere Stärken zu leben, aber auch um unsere Schwächen zu besiegen. **Alle Probleme und Schwierigkeiten sind in Wahrheit Möglichkeiten und gute Gelegenheiten, die uns dazu dienen, das vorhandene Potenzial selbstbewusst einzusetzen; sie sind die Herausforderung, gemäß unserer geistigen Möglichkeiten weiterzuwachsen und uns zu erweitern.** Alle auftretenden Situationen bieten der Seele demnach Möglichkeiten, die dem Weiterkommen dienen können.

Der Weise erkennt die Lösung in der Möglichkeit.

Die Befreiung ist nur praktisch möglich, es gibt kein theoretisches Vorwärtskommen. Daher sollten wir jede Herausforderung als »Chance des Himmels« nutzen. Durch selbstbewusste Innenschau gelingt es uns, diese verborgene Lösung zu aktivieren und tatsächlich anzuwenden.

Beim Eintreten in die physische Realität gehen wir durch das Tor des Vergessens, damit wir nicht durch unsere vorangegangenen Erfahrungen und Erlebnisse beeinflusst und behindert werden; das ist gleichbedeutend mit einem Neuanfang, der aber in Wirklichkeit nur eine Fortsetzung unseres Weges ist. Es macht also zunächst keinen Sinn zu erfahren, was wir in vorangegangenen Leben für Zustände erfahren haben. Dennoch baut sich die gewählte Lebensrealität auf den vorangegangenen Erfahrungen und Erkenntnissen auf, die unser gesamtes Selbst geprägt haben. **Um weiterzukommen, braucht es die Wahrnehmung der jetzt gegebenen Möglichkeiten!** Weil man darin oft voreingenommen und irgendwie selbst gefangen ist, kann ein neutraler Ratgeber helfen, die eigene Lebensgrundlage zu klären - und zwar so, dass man erkennt, worin man sich selbst behindert.

Ein kleines Beispiel aus meiner Praxis: Der 59-jährige Max war arbeitslos, litt unter Burnout und kämpfte mit seinem letzten Arbeitgeber um die Auszahlung seines Lohnes. Er war am Ende und wollte wissen, wie es für ihn weitergeht. Max ist sehr begabt, aber emotional ein misstrauischer Mensch, dessen Frusttoleranz gegenüber Obrigkeiten (Vater, Chef, Behörden) relativ gering ist.

Ich sah ihn, wie er als junger, 19-jähriger Mann in England kurz vor dem Krieg eine Schnellausbildung als Pilot absolvierte. Kurz darauf wurde er bei einem Fronteinsatz auf Feindesgebiet abgeschossen. Er überlebte den Absturz mit einem gebrochenen Bein, und eine Bauernfamilie, deren eigener Sohn im Krieg verschollen war, nahm den jungen Mann auf und gab ihm ein Zuhause. Er musste sich aber bedeckt halten und vorsichtig sein, damit man ihn nicht als Feind entlarvte. Er wartete darauf, dass man ihn vermissen und suchen würde, doch nichts geschah. Die Zeit verging, und er blieb in Deutschland. Sein Wunsch, gerettet zu werden, seine Familie wiederzusehen, blieb unerfüllt, und tief im Innersten fühlte er sich im Stich gelassen. Dieser emotionale Zustand wirkte prägend auf sein Seelenmuster.

In diesem Leben wusste er bereits als kleiner Junge, dass er – gegen den Willen des Vaters – Pilot werden wollte. Er zeigte dafür auch eine große Begabung, und so schaffte er die Ausbildung spielend. Anschließend ließ er sich zum Helikopterpiloten weiter ausbilden und arbeitete in einer Rettungsfirma, die abgestürzte, vermisste Bergsteiger suchte und aus unwegsamem Gelände rettete. Nach dieser Erfahrung wurde er Jetpilot einer Firma, deren Aufgabe es war, verletzte, kranke und verunglückte Landsleute aus dem Ausland nach Hause zu holen.

Fachlich ist Max sehr begabt, aber emotional gesehen fühlte er sich oft falsch verstanden und von der Führungsseite im Stich gelassen. (Sein Hauptlebensthema ist mangelhafte Verständigung und fehlende Kommunikation.) Aus dieser gefühlten Grundstimmung heraus bewertete und beurteilte er immer wieder seine Lebenslage. Er blieb nie lange an einem Arbeitsort, so als wäre er auf der Flucht und suche dauernd nach etwas, was er nie finden konnte. Eigentlich wusste er nicht, was er suchte, und sobald diese Unruhe von ihm Besitz ergriff, musste ein Wechsel her. Die negative

Haltung in ihm verursachte aber nie eine wirkliche Verbesserung, denn das Negative kann nicht etwas Besseres wählen.

Das emotionale Grundmuster bestimmt also die innere Einstellung. Emotionen basieren immer auf bestimmten gedanklichen Vorstellungen und auf Erwartungen, die man an andere hat. Lässt man sich davon bestimmen, kommt man vom Regen in die Traufe, weil aus einem grundsätzlichen Gefühl des Mangels kein Gewinn hervorgehen kann.

Wir sind jetzt die höchste Form dessen, was wir je waren. Dies ist manchmal ein bisschen schwer verständlich, zumal dann, wenn wir denken, dass unsere gesellschaftliche Stellung ein Indiz dafür wäre, wie »hoch entwickelt« wir sind. Doch die äußeren Umstände sagen kaum etwas über die wahre Größe aus; nur in den Handlungen erkennt man den Meister. Was schicksalsbestimmend ist, ist unsere grundlegende Geisteshaltung (Überzeugung und Glaube), und diese zeigt sich darin, wie wir an »die Dinge herangehen«. Das Leben ist wie ein Spiel, und wir sind die Spielfiguren. Die Rolle dieser Figur ist es, wie in einem Computerspiel, Fallen zu erkennen, Gegner zu besiegen, Schätze zu heben, Aufgaben zu lösen, Punkte zu sammeln und dadurch einen höheren Grad zu erreichen und somit unseren seelischen Wert zu steigern. Siegen wir, so gibt es Pluspunkte, versagen wir, gibt es Punktabzüge. Wer nach Rückschlägen resigniert, bleibt auf der Strecke. Es geht darum, dranzubleiben, und manchmal sind mehrere Anläufe notwendig, um über sich selbst zu siegen. Doch jeder Moment ist ein Anfang, jedes Problem eine Chance, um zu wachsen und uns weiterzuentwickeln. Jedes Hindernis ist ein Hinweis, sich neu zu besinnen und seine Kräfte bewusst und gezielt auszurichten.

Befindest du dich in Schwierigkeiten, so frage nicht mehr: »Was habe ich falsch gemacht?«, sondern: »Wie mache ich es richtig? Wo ist mein Geschenk?« Jeder Mensch ist begleitet von unsichtbaren Helfern. Diese sind nicht dazu da, unsere Aufgaben zu lösen, sondern sie fungieren als Berater, Beschützer und Begleiter. Sie beschützen uns vor Ereignissen, die, karmisch gesehen, keine Grundlage haben. Wir sind also zu keiner Zeit allein, was jedoch nicht zwangsläufig heißt, dass wir dies so fühlen. Viele Menschen nehmen diese Kontakte nicht wahr, weil sie zu sehr durch ihren rationalen Verstand behindert sind.

Die Kommunikation mit den geistigen Helfern (Engel, Meister, verstorbene Seelenfreunde) ist dann möglich, wenn wir frei und offen sind; sobald wir in Negativität versinken, bauen wir eine Mauer auf, und diese geistigen Berater dringen mit ihrer Botschaft nicht durch. Übrigens vermitteln diese ihre Botschaft nie verschlüsselt, sondern so einfach, dass es jedem einleuchtet.

Geist + Körper: InKARNation (Verfleischlichung)

Für die Seele ist es eine große Herausforderung, sich in einen Körper »zwängen« zu müssen. Man könnte es sich auch so vorstellen, als würde der Wesensgeist in eine Flasche gesperrt, und wenn es gelingt, diesen zu befreien, ist die Erfüllung aller Wünsche möglich!

Die Geburt »im Fleisch« ist nicht ganz leicht, denn der Wesensgeist muss sich mit dem Gehirn des Körpers »EINigen«, und der Körper allein hat bereits eine eigene Veranlagung: Je nach Körperbau hat er unterschiedliche Bedürfnisse nach Nahrung, Bewegung und Erholung. Wir können uns dies so vorstellen, als müsse der Reiter ein ungezähmtes Pferd zureiten. »Der Geist ist willig, das Fleisch ist schwach.« Man kennt diesen Ausdruck, und dennoch macht man sich kaum Gedanken darüber. Unzählige Menschen werden von den Bedürfnissen ihres Körpers gesteuert, und in vielen Fällen schafft es der Körper sogar, den Wesensgeist ganz zu begrenzen. So unterliegt der geschwächte Geist den Schwächen des Körpers. Es scheint kaum einen Menschen zu geben, der mit seinem Körper zufrieden ist und diesen liebt und zu schätzen weiß. Ein Teil unserer Meisterschaft ist es allerdings, den Körper im besten Sinn zu beherrschen und ihm das zu geben, was ihn stärkt und vital erhält. Also gehört es mit zur Lebensmeisterschaft, den eigenen Körper mit seinen lebenserhaltenden Bedürfnissen wahrzunehmen und bei der geistigen Selbstbestimmung mit einzubeziehen. Süchte und Sehnsüchte basieren auf einem geschwächten Geist und einem Körper, der wie ein unerzogenes Kind »quengelt«

und nach Dingen verlangt, die ihn zugrunde richten. So steuert der rationale Verstand das Subjektive, also die materiellen Geschicke, doch die Lösung für alle Schwierigkeiten wurzelt in der Objektivität des Gesamt-Geistes.

Bevor wir inkarnieren, spielen wir die Lebenslösungen in der Theorie durch, die wir dann zu gegebener Zeit in der Tat realisieren sollen / wollen. Die Idee ist die Grundform der Tat, doch erst die bewusste Tat kann uns vom Mangel befreien. Jeder trägt, wie gesagt, die Lösungen bereits in sich, doch es ist sehr viel Konzentration und innere Stille nötig, damit sich diese mittels Rückbesinnung zeigen. Der Verstand bildet sich erst in dieser Welt und hat demzufolge keine Ahnung von der Gesamtlösung unseres Geistes. Mit Meditation könnte es uns gelingen, den Verstand ruhig zu stellen, um die innere Stimme zu hören. Der Verstand sollte immer nur unser Diener sein, der uns beim Autofahren und anderen materiellen Tätigkeiten nützlich ist, denn die wahre Herrschaft über unser Leben sollten wir unserem Geist übertragen. Unsere Geisteshaltung erschafft das ganze Geschehen - wie eine Geschichte - und schließt auch immer unser dazugehöriges Gefühl mit ein. Wer aber vom Verstand beherrscht ist, begrenzt seine schöpferischen Möglichkeiten. Meist erklärt uns unser Verstand, was nicht geht und was wir besser lassen sollten. Am Schluss des Lebens bereuen dann so viele Menschen die Dinge, die sie NIE gemacht haben, und irgendwann verlassen sie diese Welt mit einem großen Gefühl von Frustration und Enttäuschung. Wenn es um Gefühle geht, ist der Verstand häufig schlicht überfordert, und so ist er in Beziehungsfragen meist der schlechteste Ratgeber.

Die unerledigten Geschichten der Vorleben, also alle noch vorhandenen, mitgebrachten Ängste (Existenzangst, Schuldgefühle, die Angst, abgelehnt zu werden, die Angst, betrogen zu werden, Angst davor, wirklich der Liebe zu vertrauen, Hass, Wut, Ärger, Missgunst, Misstrauen, Beziehungsangst usw.) sind auf der rechten Gehirnhälfte gespeichert. Diese ist der Sitz der Weiblichkeit und zuständig für Inspiration, Kreativität, Intuition; mit ihr empfangen wir die Informationen von unserer geistigen Quelle (hohes Selbst). Die weibliche Seite ist sozusagen die Mutter unserer Gefühle, unserer bildhaften Vorstellungen, und damit kreieren wir Bilder, Wünsche, Gedanken, unlogische Ideen und alle abstrakten Vorstellungen. Alles, was das Gefühl anregt, kommt von dieser Seite in uns. Aufgrund dieser tief verankerten, mitgebrachten, hinderlichen, negativen Emotionen und Empfindungen bleiben Menschen (Männer wie Frauen) jahrelang in unglücklichen Beziehungen, obwohl der Verstand sagt: »Du könntest doch einfach gehen und eine neue Beziehung eingehen«. Das, was uns letztendlich am Glücklichsein hindert, sind diese - für den Verstand - unerklärlichen, aber dennoch vorhandenen Ängste.

Um diese in uns verankerten Ängste auflösen zu können, müssen wir sie zunächst annehmen und erfassen, denn Verdrängung stärkt nur das Negative. Ich habe so viele Menschen getroffen, die unter Existenzangst gelitten haben, obwohl sie in dieser Realität immer Geld hatten. Sie konnten sich mit Leichtigkeit vorstellen, kein Geld, keine Arbeit zu haben und waren im Zweifel darüber, ob sie ihre Werte auf Dauer halten können. Dies zeugt davon, dass da eine Erinnerung wirkt und dass die Erfahrung eines schmerzhaften Verlustes noch nicht mit Erkenntnis aufgelöst wurde.

Die Wandlung geschieht durch das Begreifen der gemachten Erfahrung. Wird die Geisteshaltung geändert, ändern sich auch die Erfahrungen. Die bleibenden, geheimen Befürchtungen werden sich allerdings irgendwann wieder in einer tatsächlichen Realität manifestieren müssen, denn so funktioniert das kosmische Gesetz: Wir bestimmen unsere Realität mit dem, was wir denken, und wir erkennen, was wir denken, in dem, was wir fühlen. Was wir für möglich halten, wird tats*äch*lich geschehen.

Die linke Gehirnhälfte ist der Sitz unserer Männlichkeit und bestimmt unsere Logik; damit manifestieren wir die materielle Wirklichkeit (Lesen, Rechnen, anerzogenes Handeln, rationales Erleben). Unsere linke Gehirnhälfte ist der Ort, an dem wir über unsere materielle Realität herrschen. Der Verstand mischt sich ein und bezieht sein Wissen aus der gesellschaftlichen Schule (Erziehung, Schule, gesellschaftliche Prägung).

Wenn wir in diese Welt eintreten, ist diese Seite unseres Gehirns leer, wie ein unbeschriebenes Blatt.

Während unseres Heranwachsens wird es aber - wie die Festplatte eines Computers - mit den Gedanken und Vorstellungen unserer Eltern, Lehrer und mit der Prägung durch unser gesellschaftliches Umfeld beschrieben; wir werden zu bestimmten Verhaltensmustern (um-) erzogen, und Kinder werden gezwungen, sich dem Willen einer »stärkeren Mitwelt« (meist ist diese nur körperlich stärker) zu unterwerfen.

Wir bleiben mit unseren Eltern bis zum 21. Lebensjahr verbunden (energetische Nabelschnur), unabhängig davon ob wir in deren physischer Gegenwart aufwachsen. Mit spätestens 21 Lebensjahren gelten wir als geistig ausgereift, um nun in eigener Verantwortung unser Leben zu gestalten. Ab diesem Zeitpunkt tritt das innere Wesen verstärkt nach außen. Wurde ein Mensch in der Zeit seines Erwachsenwerdens aber stark unterdrückt und persönlich eingeengt, dann gestaltet sich dessen Eigenständigkeit eher schwierig. Die äußeren Zwänge vermögen die innere Persönlichkeit solange zu behindern, bis man seine Aufmerksamkeit der inneren Macht schenkt. Vorangegangene Einschüchterung und emotionale Begrenzung müssen zuerst einmal abgebaut werden. Ablösungsprozesse zwischen Kindern und ihren Eltern gehen oft mit Druck und im Streit einher, weil es darum geht, die eigene Persönlichkeit zu behaupten. Jeder Mensch bzw. jede Seele ist einzigartig, und so gibt es keine Seele, die einer anderen gleicht.

Die Erziehungsprogramme auf der linken Gehirnhälfte sind allerdings leichter und schneller umzustellen als die gefühlsmäßig verankerten Prägungen aus Vorleben. »*Wie oft hast du schon versucht, die Dinge in deinen Beziehungen zu klären, um letztendlich wieder und wieder an deinen Emotionen zu scheitern und das Gleiche zu erleben?*«

Warum ist jeder, was er ist?

Jeder Mensch ist die Summe seiner gesamten vorangegangenen Erdexistenzen. Jede Erfahrung wirkt prägend und erfordert eine innere Erkenntnis, damit daraus ein Wert geschöpft werden kann. Die Selbsteinschätzung funktioniert aber nur in der Übernahme der eigenen Verantwortung bei allem, was uns widerfährt. Jegliche Schuldzuweisungen dagegen basieren auf einer grundlegenden

Fehleinschätzung, weil die Situation nur teilweise und nicht in ihrem gesamten Ganzen betrachtet wird.

Karma und Wachstumsmöglichkeiten

Das Wort Karma stammt aus dem Sanskrit und steht für die »Folge einer Handlung« - oder anders gesagt für die »Wiedervergeltung«. Wir sind die Urheber unserer Realität, denn jeder Gedanke, der von uns ausgesandt wird, kommt wieder zu uns zurück.

Unser Hiersein ist unser eigener Wille: Wir sind hier, um schlechte mit guten Taten zu bereinigen (geistige Bilanzierung / Ausgleichung der Minuswerte) und um andererseits mittels unserer mitgebrachten Fähigkeiten Gewinne zu erzielen, die dem Gesamten dienen, womit wir negative Zustände in positive verwandeln und uns geistig weiterentwickeln können.

Was treibt uns an?

»Umwandlung ist die Tat des Meisters!«

Alles Negative ist die Chance zur wesentlichen Veränderung und fordert uns heraus, unsere geistigen Kräfte im Sinne der Vervollkommnung einzusetzen.

Was hindert uns daran, glücklich und zufrieden zu sein?

Es ist unsere falsche Geisteshaltung mit den damit verbundenen Emotionen, die uns unser Leben zur Hölle machen können.

Was bestimmt unsere Begegnungen?

Das Leben ist keine willkürliche Lotterie, in der einer einfach ein schlechtes Los gezogen hat: Wir bekommen zurück, was wir gegeben haben! Das Gute wie auch das Schlechte basiert auf Anziehung, und so bekommen wir, was wir lieben – aber auch, was wir befürchten!

Was bringt die Zukunft?

Das bestimmst du jetzt! Also »Vor-Sicht«!

Prophezeiungen / Vorhersagen

Es gibt Menschen, die ihre seherischen Fähigkeiten stärker ausgebildet haben und diese ständig erweitern. Diesen Sehern/innen ist es gegeben, zukünftige Ereignisse vorherzusehen. Doch gibt es zwei Arten von Vorhersagen, nämlich dass aufgrund persönlicher Befürchtungen das eintritt, was man nicht will, und dass das, was man sich wünscht, unerfüllt bleibt, weil man nicht daran glauben kann (sich selbst erfüllende negative Prophezeiung). Ein wahrhaftiger Seher erkennt auch, welche Geisteshaltung eine Wandlung verlangt, damit das eintreffen kann, was im tiefsten Inneren der Seele angestrebt wird. So gilt es zwischen Wünschen, Visionen, Veranlagung, Möglichkeiten, den größtmöglichen Wahrscheinlichkeiten, Fähigkeiten und Aufgaben zu unterscheiden, damit das Leben zu einem bereichernden Sein wird.

Meine Erfahrung ist es, dass es keinen Sinn macht, Ereignisse vorherzusehen, die geschehen müssen, damit wir daran wachsen. In solchen Fällen würde eine Voraussage nur Angst erzeugen, und dieser Mensch könnte bereits jetzt sein Glück nicht mehr genießen. Sehe ich Möglichkeiten, gibt es dafür keine Garantie, dass ein Mensch seine Chance nutzt und seine Fähigkeiten in die Tat umsetzt, denn die Mitwelt hat immer auch einen großen bestimmenden Einfluss. Je leichter ein Mensch zu beeinflussen ist, umso leicht wird er zum Spielball anderer Kräfte. Nur wenn wir uns selbst kennen und wissen, was wir wollen, können wir uns dementsprechend verhalten. Da jedoch eine große Anzahl der Menschen eher weiß, was sie NICHT will, fühlen sie sich vom Leben um das Beste betrogen. Man misstraut dem Guten und verlässt sich auf das Schlechte, denn dafür bekommt man von der Gesellschaft bestimmt Aufmerksamkeit.

Alles unterliegt den kosmischen Gesetzen. Sie sind universell, und es gibt keine Ausnahmen. Alles im gesamten Universum ist diesen Gesetzmäßigkeiten unterstellt, denn sie schaffen und bestimmen die Ordnung im Gesamten.

Wer die Zusammenhänge versteht, der schafft es, aus den materiellen Begrenzungen herauszutreten und so Herr und Meister seiner Realität zu sein.

Die 7 grundlegenden Lebensprinzipien

Die 7 grundlegenden Lebensprinzipien* lassen uns die Unfehlbarkeit des Lebens erkennen. Sie zeigen uns auf, wo unsere eigene Macht liegt und wie wir diese selbstbewusst oder aber selbstzerstörerisch einsetzen.

Unser Lebensglück oder auch jedes Unglück findet seine Ursache in unserer inneren Haltung, der wir uns bewusst werden sollten. Denn Verwirrung und Desorientierung sind die normalen Auswirkungen von unbewusstem Verhalten, und

---

**Ein Prinzip (lateinisch: principium = Anfang, Ursprung) ist ein Gesetz, das anderen Gesetzen übergeordnet ist (wobei der Begriff Gesetz ersetzbar ist durch die Begriffe Gesetzmäßigkeit, Naturgesetz, Regel, Richtlinie, Verhaltensrichtlinie, Grundsatz, Postulat).*

die grundsätzliche Verwirrung erzeugt immer nur weitere Irrtümer.

Diese geistigen (hermetischen) Naturgesetze wirken in und um uns. Doch leider vergessen wir diese wirkende Tatsache häufig im Trubel unseres Alltags. Alltagsschwierigkeiten erfordern aber eine konsequente Umstellung, wenn wir diese überwinden wollen.

Hermes Trismegistos, im alten Ägypten Thoth genannt, schrieb diese Gesetze zum Wohle der Menschheit auf. Bis heute gelingt es Menschen, die sich bewusst darauf besinnen und danach handeln, wahre Meisterschaft über ihre eigene Realität zu erlangen. So kann ein wahrer Meister andere in ihrem Meisterstreben anregen, indem er den Schüler auf dessen Tun zurückwirft und ihn zu bewusstem Tun anregt. So wird sich ein wahrer Meister hüten, seinen Schülern das Denken abzunehmen, denn damit würde er sich selbst als unwissend entlarven. Ein echter Meister weiß vielmehr um die in jedem Menschen innewohnende Macht, und er wird diese bei seinem Schüler herausfordern.

Jeder begegnet immer nur sich selbst, und so kann sich niemand aus dem Weg gehen!

1. Prinzip:

Geistigkeit

(Wirkung der allem innewohnenden Mentalität (mind) / Gedankenkraft / Gedankenformen / innere Einstellung / alles umfassende Geisteshaltung / reinstes Potenzial)

Man muss nicht das Licht des anderen ausblasen, um das eigene leuchten zu lassen!

Eins ist ALLES, und alles ist EINS!

Das 1. kosmische Gesetz ist das Prinzip der geistigen Einheit, des AllEINSseins. Gott und Liebe ist in allem und in jeder Form, ohne selbst jemals zur Form zu werden. Das Nichts schenkt der Form das Leben, doch erst durch die Form gewinnt das Nichts an Bedeutung. Das Nichts ist das Unfassbare, das jedoch in jeglichen Formen enthalten ist. Nichts ist das, was niemals erfasst werden kann, denn versucht man es zu »formulieren«, verpasst man es bereits.

Die Quelle aller Schöpfungen ist das reine Bewusstsein, das reinste Potenzial, das allen zur Verfügung steht. Das persönliche Potenzial ist die Grundenergie in uns, aus der wir alle Erfahrungen und Wirklichkeiten manifestieren. Wir erschaffen, in dem wir uns unser Leben so oder so vorstellen, sei es indem wir bestimmte Lebensumstände anstreben oder aber befürchten. Das reine Potenzial ist die göttliche Kraft, die ewig und unerschöpflich ist und die unsere Lebensquelle ist. Durch die innere Einstellung erschaffen wir eine geistige Basis auf der wir dann unsere Gedanken formen. Gedanken sind geistige Gebilde, mittels derer wir unsere Realität aufbauen. Unsere inneren Überzeugungen und Glaubenshaltungen kreieren geistige Bilder (Vorstellungen), die sich mit der Zeit in der physischen Realität verwirklichen. Es wird wahr, was wir lieben, aber auch was wir fürchten. Die Geschehnisse in der Mitwelt beeinflussen unsere innere Haltung und können dazu führen, dass wir uns vorstellen, das Gleiche auch zu erleben. Daher ist es wichtig, darauf zu achten, was unserer geistigen (Schule / Literatur) und seelischen (Menschen, Beziehungen) Nahrung dient.

Das Leben, die Schöpfung ist ein fortdauernder Prozess von Werden - Sein - Vergehen, von Erschaffen - Erhalten - Zerstören. So ist das Leben das Sicherste, was es gibt, es ist ewig; es ändert sich immer nur in seinem Seins-Zustand, denn keine Lebens*form* ist ewig. In der Form vereinigen sich die Prozesse von Entstehung und Auflösung. Hat man seine Erfahrung gemacht, dann könnte und sollte dies zu einem Sinneswandel führen, denn es macht keinen Sinn, das Gleiche wieder und wieder zu erschaffen und die Dinge zu wiederholen. Jeder Moment ist einzigartig, denn die Zusammensetzung verändert sich alleine schon durch die Veränderung unserer Mitwelt. Der jetzige Moment ist - kaum erfasst - bereits Vergangenheit.

Alle Manifestationen zeigen Geist (Spirit) in Evolution. Geist ist also DIE kosmische Energie; er ist wirkende Kraft, mit deren Hilfe der wir unsere Realität durch unsere Vorstellungen kreieren, **egal ob bewusst oder unbewusst.** Doch: *Bewusstheit erkennt die eigene Wirkung und übernimmt die Verantwortung dafür; Unbewusstheit dagegen gibt die Schuld am Geschehen anderen.*

Jede Manifestation ist Ausdruck der eigenen Überzeugungen und Glaubenshaltung. **Wir sind so »fest« überzeugt**, wie wir unsere persönliche Realität wahrnehmen und machen. Die inneren Überzeugungen zeugen demnach vom Stand unserer geistigen Entwicklung. Wir formen also immer neutrale Energie durch die Bildung von Gedanken, und die dadurch geschaffenen geistigen Bilder führen zum tatsächlichen Erleben. Wir geben einem Gedanken Kraft, indem wir diesen ständig wiederholen und so stärken sowie nähren.

Der Stand der Dinge wurzelt also allein in der eigenen, bestimmenden Geisteshaltung, und um diese zu ergründen, ist es wichtig, dass wir den Grundgedanken in allem erkennen. Dies erfordert Konzentration und die Bereitschaft zur schonungslosen Ehrlichkeit uns selbst gegenüber.

Eine positive Mentalität zeigt sich in der Bereitschaft, die eigene Verantwortung für alles, was geschieht, zu übernehmen. Sie zeigt sich auch darin, mit Konzentration die Lösung aus der Misere anzustreben - und dabei zu bleiben, auch wenn es manchmal schwierig scheint und lange dauert.

Die negative Mentalität auf der anderen Seite ist die grundsätzliche Ausrichtung auf Zerstörung, Beschädigung und Vernichtung, und sie wird von falschen Gedanken und Vorstellungen genährt. Daher vernichten negativ ausgesandte Gedanken denjenigen, der diese in sich hegt und pflegt, und so wird man das Opfer seiner Befürchtungen. *Jede Befürchtung erntet Vorwürfe.* Merke: Eine negative Geisteshaltung bringt persönlichen Schmerz, und man zerstört damit das eigene Glück.

Himmel und Hölle / Engel und Dämonen

Himmel und Hölle sind nicht Orte, sondern Seelenzustände, und Engel sind Teile unseres eigenen Wesens, die die Botschaft unserer Göttlichkeit verkörpern und die verstärkend auf unser seelisches Wachstum wirken. Dämonen dagegen verkörpern die zerstörerische Gegenkraft, die wir selbst durch unsere negativen Gedanken erschaffen und die sich mit der Zeit verselbstständigen und zu unserer Lebensplage werden, weil sie sich unserer Kontrolle entziehen wollen. Um wieder Herr zu werden über diese negativen Gedankenformen, ist sehr viel positive Konzentration nötig. Eifersucht, Wut, Neid, Missgunst, Rachsucht, Mordgedanken allerdings bescheren dem Urheber selbst Höllenqualen, und er straft sich dadurch selbst, weil er mit seinen Qualen leben muss.

Geist ist Energie - Energie fließt, und wo Energie fließt, wirkt die Anziehungskraft. (Magnetismus; wo ein elektrischer Strom fließt, entsteht ein Gravitationsfeld, das verstärkt Energien aus dem Umfeld anzieht und an sich bindet.)

Alles, was existiert, ist mental. Sprechen Menschen beispielsweise von der Mentalität eines Volkes, so folgen sie einer pauschalen Grundhaltung über eine Sorte von Menschen. (Auch das Schicksal eines Volkes entsteht übrigens durch die Ballung gleicher Geisteshaltungen.) Sprechen wir somit von Deutschen, Schweizern, Amerikanern, Afrikanern usw., so neigen wir dazu, ohne selbst zu überlegen, einem allgemein gültigen Vorurteil zu verfallen. Die Medien wirken zusätzlich polarisierend auf nicht selbst denkende Menschen, und die gespeicherten Meinungen schränken das eigene Erleben massiv ein. Man fürchtet beispielsweise die Chinesen, ohne je selbst einem wirklich begegnet zu sein. Die Masse ist fremdbestimmt, weil sie das Denken anderen überlässt. Gefährlich arten die negativen Denkhaltungen aus, wenn der Masse eingeredet wird, da gäbe es einen Feind, der für ihre Misere verantwortlich ist. Dabei lebt der wahre Feind in uns, und es gibt außerhalb von uns nichts, was wir bekämpfen müssten. Die Befürchtungen von Krieg und Not, die dauernd geschürt werden, müssen dann irgendwann in kriegerischen Auseinandersetzungen ihre Bestätigung finden.

So verkümmern Menschen in allgemeinen Geisteshaltungen, und ihre Überzeugungen sind das, was sie gespeichert halten. Aufgrund ihrer allgemeinen Haltung verpassen sie aber das Wunder der individuellen Kraft.

Geist strebt die Verwandlung an, von Zustand zu Zustand, von Grad zu Grad. Erkennt man den Ernst der Lage in vollem Umfang und in vollem Bewusstsein, so kann durch die Übernahme der Verantwortung das GANZE gewandelt werden.

Alles ist EINS, und so vermag ein Einzelner das Ganze zu verändern.

Was speicherst du? An was hältst du fest? Am Erleben des Verlustes - oder dass du es bereits geschafft hast, etwas zu erreichen? Und warum sollte es dir nicht wieder gelingen, wenn du es bereits einmal geschafft hast?

ZUSAMMENFASSUNG VON PRINZIP 1:

Geistigkeit

Die wahre Meisterschaft verlangt, dass wir in allem die geistigen Grundlagen erkennen.

Absicht erschafft Möglichkeiten!

Die Absicht ist die Kraft des Erschaffens! Ein Wunsch könnte die zwanghafte Bindung an eine Realität bedeuten, und er könnte dich besetzen sowie auf deinem Weg aufhalten. Kläre den Unterschied in dir!

Die Art und Weise unseres Schicksals ist durch unsere **eigene** Geisteshaltung bestimmt, die wir in den verankerten Glaubenssätzen und gespeicherten

Überzeugungen erkennen können. *(»Ich bin überzeugt davon, dass meine Mutter mir nie zuhört! Ich bin überzeugt davon, dass ich nicht erreiche, was ich will!«)*

Um die eigene Geistesmacht wirklich begreifen zu können, ist stete und konzentrierte Selbstbetrachtung nötig. Überprüfe deine Absicht, und analysiere deinen Beweggrund, denn darin erkennst du das Resultat, das du ernten wirst.

Mit welcher Haltung gehst du an die Dinge heran? Kläre deine Absicht, indem du überprüfst, was du erwartest.

Überprüfe deine Überzeugungen, denn dadurch erkennst du deinen inneren Glauben. Bist du der »festen Überzeugung«, dass du geliebt wirst, oder bist du dir tief im Inneren sicher, dass dich keiner liebt und je geliebt hat? Solange du in deiner Überzeugung lebst, wird dir keiner helfen können, denn nur du kannst dich ändern - und zwar in dem Sinne, wie deine Erwartungen aussehen.

Negative Glaubenssätze / Überzeugungen:

Ich kann nicht ...

Ich schaffe es sowieso nicht ...

Ich habe immer Pech.

Ich bin der ewige Verlierer.

Ich muss mich immer unterordnen.

Ich werde schikaniert.

Keiner hört mir zu.

Ich bin krank.

Ich bin allein.

Ich bin immer schuld.

Ich habe nie Glück.

Ich bin nicht fähig zu lieben.

Ich kann nicht vertrauen.

Man wollte mich nie haben.

Ich wurde nie geliebt.

Ich werde sowieso abgelehnt.

Ich bin minderwertig.

Ich kann nichts.

Ich werde sowieso betrogen.

Es macht keinen Sinn.

Ich bin hässlich.

Ich zweifle an mir selbst.

Ich bin vom Unglück verfolgt.

Ich bin unbeachtet.
Ich gebe mir große Mühe, und es bringt nichts.
Ich fühle mich ausgeschlossen.
Ich fühle mich im Stich gelassen.
Ich bin traurig und niedergeschlagen.
Ich habe nichts gelernt.
Ich habe keine Zeit.
Mein Körper ist zu dick und darum
liebt mich keiner.

Gibt ein Mensch diese Grundhaltung nicht auf, so ist ihm nicht wirklich zu helfen.

Positive Geisteshaltungen:
Ich habe immer Zeit.
Ich bin geliebt.
Ich bin begehrt.
Ich bin gefragt.
Ich bin fähig.
Ich bin gesund.
Ich bin stark.
Ich bin geschätzt.
Ich bin jederzeit willkommen.
Ich bin fähig zu siegen.

Ich habe die Kraft, alles im besten Sinn
zu verändern.
Ich kann mein Bestes zum Wohle
der Menschheit einsetzen.
Ich steigere täglich meine Liebeskraft.
Ich berühre jeden Menschen mit meiner
Wesenskraft.

Damit du deine tief verwurzelten Überzeugungen umwandeln kannst, ist deine Konzentration und Ausdauer vonnöten, denn die Umstellung dauert ihre Zeit. Nimm dir jetzt vor, die folgende Haltung »Ich fühle mich ungeliebt« in »**Ich bin geliebt und begehrt**« zu verändern. Nun konzentrierst du dich während 40 Tagen darauf, und du sagst dir dies mehrmals am Tag, immer wieder, und achte darauf, dass sich mit der Zeit auch das Gefühl dazu einstellt. Fühle dich geliebt und begehrt, aber kontrolliere nicht, ob es schon geschieht. Jeden Morgen schaust du dich im Spiegel an und machst dir selbst ein Kompliment: »Ich liebe mich, und ich bin geliebt und begehrt!« Mit dieser positiven Haltung beginnst du deinen Tag. Am Anfang macht es vielleicht noch ein wenig Mühe, doch mit der Zeit wird diese Haltung auch in dein Lebensgefühl aufgenommen.

Die Macht des Schicksals wurzelt in unserem Geist. »Ich bin der mächtige Schöpfer meiner Lebensrealität!«

Bedenke: Alles ist durch deinen freien Willen bestimmt. Auch wenn du nicht selbst bestimmst, so hast du bestimmt, von anderen bestimmt zu werden. Kein Mensch kann seine Verantwortung abgeben, sondern muss ertragen, was er sich auferlegt.

Es ist unsere Wahl, hier und in dieser Form zu sein.

Dein eigener Wille zeigt die Motivation deines Geistes und hilft dir, dein Ziel zu erreichen - egal wie lange es dauert.

MERKE: Der Geist ist das mächtigste »Werkzeug« im gesamten All!

2. Prinzip:

Entsprechung, Anziehung, Vision, Handlung

(Aussage- und Tatkraft / Resonanz als Resultat / Analogie zur Vervollkommnung der Erkenntnisse / Magnetismus / Faszination)

»Lehrer, du hast gelehrt und
das Gesetz nicht geehrt.« /
»Wasser predigen und
Wein trinken.«

Wer sich selbst nicht liebt, kann keine Liebe anziehen.

»Wenn du begonnen hast, dich zu lieben, lehre andere, sich selbst zu lieben, und sie werden beginnen, dich zu lieben.«

Wie innen, so außen - wie im Kleinen, so im Großen ... *»Was du in den Wald hineinrufst, das bekommst du als Antwort zurück!«*

Resonanz erfährst du darin, dass du immer bekommst, was du gegeben hast. Darum achte besonders darauf, was du tust und was du sagst.

Das Gesetz der Entsprechung wirkt im Prinzip vom **Geben und Empfangen.** Dein Innenleben spiegelt sich in der äußeren Erfahrung wider, und so kannst du durch die bewusste, ehrliche Selbstbetrachtung der äußeren Geschehnisse deine eigene bildhafte Vorstellung erkennen. Achte auf deine Worte, denn sie spiegeln deine Gedanken – und sie werden zu deinen Taten. **Lerne deine Welt zu verstehen, und du begreifst deine eigene Macht.**

Durch die schonungslose Selbstbetrachtung gelingt es dir, deine geistigen Machenschaften zu verändern und dich in deinen Handlungen neu zu besinnen, denn du bekommst alles doppelt zurück. Wenn du mehr Liebe willst, verschenke also mehr Liebe, wenn du mehr Geld willst, setze dein Geld großzügig ein.

Überprüfe deine innere Haltung (1. Gesetz), denn diese *bild*et die Grundlage für das tatsächliche Resultat. Das Leben lässt sich nicht betrügen, denn die innere Absicht wirkt unfehlbar und bestimmt die Art und Weise deiner Ernte.

Visualisierung (bildhafte Vorstellung = Vision): »Was siehst du? Was bildest du dir ein?« Unser inneres Bild findet tat*sächlich* außen statt, oder wir halten solange am inneren Bild fest, bis wir es auch im wirklichen Leben erfahren. Jede Realität basiert auf geistiger Einbildung, jeder Gedanke ist geformte Energie, die das ihm Entsprechende anzieht! Unsere Gedankenkräfte sind Energieformen, die durch Anziehung ent*sprechen*de Energie aufnehmen und die dadurch immer größer werden, bis sie sich in wahrhaftiger Realität verwirklichen. Wir bekommen Recht durch das, was wir bestimmt haben. *»Ich habe immer gesagt, ich kann es nicht, und nun überzeuge dich selbst davon, dass ich es einfach nicht kann!«* Wir sehen, was wir denken, und dennoch ist das, was wir zu sehen glauben, nicht immer das, was man glaubt, gedacht zu haben. Die eigene Unsicherheit verführt dazu, das eigene Bild zu vernachlässigen und dem Bild zu entsprechen, von dem wir glauben, dass uns andere so sehen (wollen).

Entsprechend unseren Erwartungen ziehen wir verstärkt an, worauf wir sehnlich warten – oder was wir befürchten. Leider lassen sich viele Menschen auf die Vorstellung des Mangels ein, und daher muss eintreten, was ihrer Angst entspricht. Weil Menschen von ihren Befürchtungen überzeugt sind, erleben sie diese entsprechend. Die innere Haltung zwingt dich dann auch dazu, Vorsichtsmaßnahmen zu treffen, damit du gewappnet bist, wenn das Unglück auf dich zukommt. Menschen gehen daher in Vorsorgeuntersuchungen, weil sie befürchten, krank zu werden, und irgendwann trifft ein, was sie befürchtet haben. Besser wäre es stattdessen, eine ärztliche Untersuchung für die Bestätigung des Gesundheitszustandes zu wollen. Oder ein anderes Beispiel: Wenn du dein Auto zum Service in die Werkstatt bringst, erwartest du dann auch, dass dich die Firma anruft und dir erklärt, dass dein Auto völlig kaputt ist - oder dass man einfach alles überprüft hat, aber nur Öl und Wasser nachgefüllt werden mussten? Die negative Grundhaltung verführt dazu, dass man sich bereits auf eine negative Nachricht einstellt. Beispiel: »Ich kann dies oder jenes nicht mit meinem Partner besprechen, denn er wird mich sowieso nicht verstehen!« Und genau so ist es dann auch, denn der Partner kann nur so sein, wie du ihn siehst.

Das Gesetz der Entsprechung zeigt uns, dass wir durch bewusstes Handeln - und indem wir unser Bestes geben - auch sehen können, dass sich das Beste im besten Sinn auswirken wird. Auch hier ist unsere wahre Absicht entscheidend! Lasse dich nicht von deinem »guten Tun« abbringen, weil andere nicht sofort darauf einzugehen scheinen. Denke immer daran, früher oder später wirst du alles in deinem Sinne zurückerhalten.

Geht es darum, dein Karma zu heilen, musst zuerst du geben – und oftmals doppelt so viel, wie du selbst zurückerhältst. Also: Gib nicht auf, sondern gib weiter dein Bestes, egal, was deine Mitwelt macht! Es lohnt sich!

Unsere *An*ziehung bestimmt auch unsere *Be*ziehungen! Durch das, was wir erhalten und ernten, können wir erkennen, worauf wir selbst ausgerichtet sind. Ich wurde schon häufig gefragt: »Wann begegne ich endlich meinem Prinzen?« Meine Antwort darauf lautet: »Wenn du dich selbst in eine Prinzessin verwandelt hast!«

Menschen erwarten auch ständig von anderen, dass sich diese ändern, denn dann würden sie sich auch verändern. Menschen, die nur fordern, enden im Mangel. Dies ist das Gesetz. Gib vielmehr dein Bestes, denn dadurch kommt deine wahre Größe zur Geltung. Überprüfe deine Erwartungen, die du an andere hast! Kannst du wirklich etwas erwarten? Hast du selbst getan und gegeben? »Du hast mir doch versprochen, dass du mich immer liebst!« Bist du der festen Überzeugung, dass die Liebe nicht ewig hält und dass du eines Tages verlassen wirst, so muss genau dies irgendwann geschehen. Betrachte dich nicht mit den Augen der Welt, sondern mit der Wahrheit deines Herzens!

Die Welt und die Mitmenschen sind nicht grundsätzlich schlecht, sondern sie sind das, was wir davon **halten**.

Leider sind negativ eingestellte Menschen oft kaum zu überzeugen, dass sie ihr Schicksal selbst positiv verändern können. Nur allzu oft hat man sich an sein Leiden gewöhnt, und oft bringt Leiden ja auch Vorteile, denn endlich kümmert sich jemand um einen. Eine negative Grundhaltung macht sich grundsätzlich über alles und jeden Sorgen. Doch:

Gleiches zieht Gleiches an und verstärkt sich damit automatisch! Und alles, was du bezweifelst, nährt deinen eigenen Zweifel. Aus der Unsicherheit heraus kann man keine Sicherheit anziehen. - Wir sind magnetische Energiefelder, die durch unsere individuelle Geisteshaltung entsprechende Energien anziehen. Dadurch vergrößern und verstärken wir unsere Lebensumstände. Das Positive zieht Positives, das Negative Negatives an - so einfach ist das.

Hinzu kommt: Deine Mitmenschen sind deine Spiegelbilder, in denen du dich selbst siehst! Welches Bild hast du von deinem Partner? Welches Bild hast du von deiner Mutter? Welches Bild hast du von deinem Vater? Welches Bild hast du von dir selbst? Unbewusste Menschen halten zwanghaft an den Bildern fest, die sie gespeichert haben. Diese Bilder sind jedoch nur Momentaufnahmen der Vergangenheit und beschränken die geistige Vielfalt im Jetzt und für die Zukunft. Was siehst du in deinem Kind? Ist es dein eigener Mangel, und projizierst du so deine Befürchtungen auf dein Kind? Deine »schlechte Sicht« beschränkt deine Entfaltung, und sie stört auch die Entwicklung deines Kindes. Alles liegt im Auge des Betrachters.

In deinen Aussagen spiegelt sich deine innere Haltung. Das Negative frisst Lebensenergie auf und zerstört sich irgendwann selbst. Negativ denkende Menschen sind wahre Energiefresser, die sich von positiv denkenden Menschen ernähren, indem es ihnen gelingt, diese zu ärgern. Die Absicht eines Tyrannen ist es nicht, Liebe zu erhalten, sondern Hass. Fazit: Negative Kräfte ernähren und beleben sich von positiver Energie, indem es ihnen gelingt, positive Kräfte zum Negativen zu verleiten. Die schlechten Nachrichten, die wir täglich durch die unterschiedlichsten Medien übermittelt bekommen, bringen unbewusste Menschen dazu, ihre negativen Seiten (Ängste, Befürchtungen, Zweifel, Wut, Ohnmacht) zu nähren. Vernimmst du also ab jetzt eine Nachricht über ein Unglück oder eine Schandtat, so schicke Liebe und Frieden in diese Situation. Eine Möglichkeit wäre es zu sagen: *»Möge die Weisheit des heiligen (höher schwingenden) Geistes die Gedanken dieser Menschen bestimmen, und möge die Liebe ihre Herzen und Augen für das Wahre öffnen!«* Diese Handlung verstärkt deine Herzenskraft, und so trägst du maßgeblich zum Sieg über das Böse bei. Nähre das

Boshafte nicht durch Schadenfreude, und lasse dich nicht zum Urteilen verleiten, denn dies würde mit der Zeit auf dich negative Auswirkungen haben müssen. So ist das Gesetz.

Das Leben folgt deinem Wort und deinen Handlungen. Die Tat folgt dem Wort, oder die »Re-Aktion« entspricht der Aktion! Menschen sind über Reaktionen überrascht, solange sie nicht verstehen, dass sie diese Reaktionen selbst auslösen oder ausgelöst haben. Überprüfe jetzt deine innere Haltung: Nimmst du oft das Resultat vorweg, obwohl es auch anders kommen könnte? Kennst du die Situation: Du willst jemanden um einen Gefallen bitten, aber du bist dir bereits sicher, dass dieser deine Bitte ablehnen wird? Du willst etwas, aber tatsächlich befürchtest du, nicht zu bekommen, was du gerne hättest? Stimmt die innere Vision nicht mit dem äußeren Bild überein, so kommt es zu Enttäuschungen. Richtest du dich bereits auf »böse Überraschungen« ein, so ist dies ein Beweis für deine innere schlechte Überzeugung, und daher wird es dich nicht überraschen, dass es nicht besser wird, denn Vision und Erwartung stehen im Widerspruch.

Das Gesetz der Entsprechung ist auch das Prinzip jeder Form von Kommunikation. Was sagt man, und was versteht man selbst? Persönliche Bilder und Vorstellungen werden über Worte und Begriffe abgespeichert. Man hört, was man zu hören hofft oder befürchtet. Fällt ein bestimmtes Wort, wird die gespeicherte Vorstellung wachgerufen und dementsprechend aufgefasst, und so steigen die unterschiedlichsten Einstellungen in uns hoch. Beim Wort »Ausländer« könnte die Befürchtung hochkommen, dass das Fremde bedrohlich ist und dass man die eigene Identität verlieren könnte oder dass »ein Ausländer« ein Schmarotzer sein könnte, der zu Unrecht Geld bezieht. Aber jeder, der Urlaub in einem anderen Land macht, ist selbst ein Ausländer, und Ausländer sind einfach nur Menschen, die aus anderen Ländern kommen.

Ein weiteres Beispiel für die Form der inneren Einstellung ist das Wort »Macht«. Viele »sehen« darin ihre Erfahrung von Bedrohung, Einschränkung, Unterdrückung und Gewalt, und so sehen sie nicht ihre eigene Macht, sondern ihre Ohnmacht. Für Menschen, die sich selbst bewusst sind, ist

Macht dagegen das Erkennen der eigenen Stärken und Möglichkeiten.

Ein weiteres, sehr verbreitetes Beispiel von falscher Vorstellung ist die Formulierung »ich will ...«. Sobald Menschen diese vernehmen, meinen sie – ohne dass sie den Satz zu Ende hören –, diese zeige eine egoistische Absicht. In einem solchen Fall stelle ich folgende Fragen: Wenn ich sage, dass ich gesund sein will, ist dies egoistisch? Oder wenn ich sage: »Ich will Ihnen 1000 Franken geben?« – ist das egoistisch? – Kinder sagen häufig noch: »Ich will ...«, und sie werden von den Erwachsenen – fälschlicherweise – korrigiert, indem diese verlangen, dass sie »ich möchte bitte ...« sagen. Dadurch entsteht aber ein völlig falscher EINdruck, nämlich dass man abhängig davon ist, was andere geben und dass man andere braucht, um etwas zu bekommen.

Das äußere Verhalten entspricht der inneren Überzeugung! Abhängige können demzufolge nur das Bewusstsein von Abhängigkeit weitergeben. Achte darauf, welcher »Lebensmechanismus« in dir wirkt, und ändere ihn, wenn dir nicht gefällt, was mit dir geschieht.

Absicht erschafft Möglichkeiten! Die »Ich will-Kraft« ist die treibende Kraft in uns, die unsere Absicht zeigt! »Ich will ... erreichen, und dementsprechend werde ich sein! Ich will, und darum werde ich haben.« Es ist von großer Wichtigkeit, dass wir darauf achten, dass man »nicht von der Person fordert und bestimmte Handlungen erwartet«, sondern Situationen bestimmt, wie z. B.: »Es herrscht ein wunderbarer Teamgeist, alle sind achtsam. Ich schaffe es, meine Botschaft kommt positiv an. Ich habe eine wunderbare Begegnung mit XY« und nicht »XY ist nett und aufmerksam.« Denn jegliche Forderungen an seine Mitwelt zeugen von ohnmächtiger Abhängigkeit und enden letztendlich enttäuschend. Jede Erwartung stößt automatisch auf Ablehnung. Hast du dich nicht auch schon dabei beobachtet, dass du ein Geschenk erhalten hast, aber dich nicht wirklich darüber freuen konntest, weil du hinter diesem Geschenk eine bestimmte Erwartung vermutet hast?

Ich empfahl meinen Seminarteilnehmern, dass jeder an einem bestimmten Tag 100 Schweizer Franken an jemanden auf der Straße verschenken sollte; das Geld sollte mit einem schönen Band umwickelt und so als Geschenk gekennzeichnet sein. Das Ritual dient dazu, dass man in der Tat symbolisch alte Schulden begleicht, derer wir uns nicht mehr bewusst sind. Dabei durfte das Geld weder an einen Bettler noch an bedürftige Menschen abgegeben werden, sondern die Aufgabe bestand darin, auch jemandem etwas zu geben, der bereits zu haben schien. Die Aufgabe war also, das Geld zu verschenken mit der Aussage: »Wissen Sie, ich bin vom Leben reich beschenkt worden, mir geht es gut, und ich will meine Freude mit Ihnen teilen, indem ich Ihnen diese 100 Franken schenke!« Es war interessant zu hören, wie viele Menschen zuerst misstrauisch und ablehnend reagierten. Es gab auch solche, die fluchtartig den Ort des Geschehens verließen, weil sie hinter diesem Geschenk Negatives zu vermuten schienen. Aber auch für den Spender war diese Aufgabe eine Prüfung, denn geben zu können, ohne ein Danke anzunehmen, ist gar nicht so leicht, wie es auf den ersten Blick scheint, und Annehmen ist für viele oft noch schwerer als freies Geben. Indem du aber ein Geschenk annimmst, gibst du dem anderen die

Möglichkeit, sich selbst zu beschenken. Ob du beim Erhalt eines Geschenkes den Zwang erlebst, etwas zurückschenken zu müssen, zeigt nur, dass du dringend deine falsche Vorstellung über das Schenken und Empfangen korrigieren müsstest. Das Prinzip der Entsprechung heißt, wir bekommen alles in der Art zurück, wie wir selbst gegeben haben. Die persönliche Absicht und der Grund für die Gabe sind entscheidend: Soll das Geschenk den Beschenkten zu Dankbarkeit verpflichten, so kommt es nicht von Herzen.

Die sich selbst erfüllende Prophezeiung ist ein Phänomen, das besagt, dass das, was wir lieben oder aber befürchten, immer eintreffen muss. Negativ zu denken und positive Sätze nachzusprechen wird daher nichts nützen. Ich habe oft erlebt, dass ein Mensch sagt: »Ja, aber ich denke doch positiv, aber ich kann mir das Resultat dennoch nicht vorstellen. Ich will eigentlich gewinnen, doch ich bin im Grunde überzeugt davon, dass ich verliere.«

Entspricht das Wort der Tat, so vervollständigt sich die Erfahrung. Sagst du: »Ich gebe mir die größte Mühe«, und du glaubst, du würdest das Beste tun, dann zeigst du durch diese Formulierung, dass das Beste geben für dich eine große Anstrengung ist. Achte darauf, dass die Worte zu deinem Gefühl passen, so dass Missverständnisse ausgeschlossen werden können.

Das Gesetz der Resonanz steht für die Übertragung der Energie, die in Gedanken und Worten enthalten ist. Gleiches zieht Gleiches an und erkennt sich darin wieder. Das Wort Resonanz wurzelt im Wort »re-sonare« (zurücktönen). Auf was sprichst du an? Auf was achtest du? Kläre jetzt diese Fragen in dir!

So sprechen Menschen von Krankheiten, anstatt ihre Aufmerksamkeit der Wiederherstellung der Gesundheit zu widmen; man bespricht den Schaden anstelle der Wiedergutmachung. Aber Achtung: Mit jedem Wort betonst und verstärkst du die Wirkung. Ein Kompliment stärkt das Positive, so wie Kritik die Schwäche betont.

Ich habe oft beobachtet, dass jemand von einer vergangenen Krankheit erzählt hat, aber dass er mit keinem Wort erwähnte, wie er wieder gesund wurde. Viele Menschen suchen ihr Heldendasein im Unglück! Zu welcher Kategorie gehörst du? Zeigen deine Lebensgeschichten dein Leiden, oder sind es Siegesberichte darüber, dass du dein Unglück glücklich überstanden hast?

Das Gesetz der Resonanz zeigt sich besonders in unseren Beziehungen (Familie, Partnerschaft, Beruf, Gesellschaft). Wer glaubt, dass Gegensätze sich anziehen, der irrt, denn in Wahrheit zieht sich an, was sich gleicht.

Der innere Mangel verführt dazu, dass man die Lösung im Außen sucht, um irgendwann festzustellen, dass das Resultat mangelhaft ist. Irgendwie logisch - nicht? Äußere Suche endet im Nichtfinden. Beispiel: Ein humorloser Mensch ist überzeugt, dass er nicht lachen kann, und so fallen ihm die Menschen auf, die in seinen Augen lustig, humorvoll und fröhlich auf andere Menschen zugehen. Er möchte auch so sein und glaubt, wenn er sich mit einem Spaßvogel zusammentut, dann könnte er dadurch dessen Fähigkeit annehmen. Doch irgendwann wird genau der Humor, den man selbst nicht hat, der Grund für die Trennung sein. Man findet es gar nicht mehr lustig, und die Fröhlichkeit des Gegenübers nervt.

Was du im anderen siehst, könntest du in dir selbst aktivieren! Allein deine wirkliche Absicht und dein Vertrauen sind nötig, damit du das schaffst, was du dir vorstellst. Das Bild über einen Mitmenschen könnte also dein eigenes Bild erweitern! Wer dient dir als »Vor-Bild«? Oder hast du dein Augen**merk** auf abschreckende Beispiele gerichtet?

Partnerschaft ist eine Gemeinschaft, die sich durch gleiches Streben und gleiche Vorstellungen erfüllt. Das höchste Ziel eines glücklichen Paares ist der Wunsch, alles zu teilen, die Gedanken, die Überlegungen, die Interessen, die Neigungen, die Nähe, die Verschmelzung zu einem Ganzen ...

Praktische Übung und Anregungen:

Erstelle eine Liste, wie du dir deinen Traummann oder deine Traumfrau vorstellst. Was müsste er oder sie auf jeden Fall haben?

»Mein Traummann/meine Traumfrau ist treu, großzügig, charmant, liebevoll, aufmerksam, selbstständig, offen, höflich, respektvoll, spirituell interessiert usw. Er oder sie hat Freude am Leben, Humor, Charisma, Freude an seiner/ihrer Tätigkeit usw. Er oder sie kann seine Gefühle zeigen und weiß, wer er/sie ist, weiß sich selbst zu helfen, weiß viel und ist offen für weitere Erkenntnisse, kann Hilfe annehmen, um weiterzukommen, liebt Kinder, liebt Tiere (Hund, Katze), liebt es zu reisen, liebt die offene Kommunikation, teilt die gleichen Interessen, will auch weiterkommen, will etwas aus seinem Leben machen, löst seine Probleme ...«

Diese Liste kann durchaus lang sein. Am Schluss gehst du die Liste nochmals durch und ersetzt beispielsweise die Formulierung »er/sie ist großzügig« mit »ich bin großzügig«. Überprüfe, ob du in der Tat großzügig bist. Bist du aufmerksam und liebevoll? Denn du kannst nur erhalten, was du gibst. Daher ist der Schlüssel zu Glück und Erfüllung in den Beziehungen in dir selbst zu finden.

Überprüfe auch den Zweck deiner Beziehungen: »Brauchst« du einen bestimmten Menschen, weil du Angst hast, du könntest nicht alleine leben, du könntest mit dir nicht wirklich etwas anfangen, du könntest krank werden und brauchst jemanden, der für dich sorgt? So wirst du im Mangel enden. Hast du aber Lust, alles zu teilen, dann bist du auf dem Weg, wahre Erfüllung zu erleben.

Im Spiegel des Lebens erkennt man seinen eigenen Fortschritt!

Drohungen, die Gutes bewirken sollen

In der Erziehung von Kindern wenden Erwachsene leider allzu oft Drohungen an, um die Kinder in rechte Bahnen zu lenken, weil sie befürchten, diese könnten auf die »schiefe Bahn« geraten. Wie paradox dies ist, erkennt man, wenn man die geistigen Gesetze beachtet. Ebenfalls eine geradezu vernichtende Kampagne ist die Anti-Raucher-Kampagne, in der man die Raucher mit negativen Prophezeiungen und Bildern von ihrer Nikotinsucht abhalten will. Anstelle von Aufdrucken wie »Rauchen ist tödlich« könnte man mit »Achte auf deine Gesundheit« das Positive und die Eigenverantwortung in jedem wecken. Weil die Menschen mit der Zeit gegenüber allen Botschaften abstumpfen und diese daher keinen mehr zum Überlegen anregen, greift man zudem zu Bildbotschaften, in denen man Bilder von Tumoren und Raucherbeinen auf die Zigarettenpackungen aufdruckt. Damit macht man die Menschen aber erst recht krank, denn diese negativen Dauerbotschaften und Bilder werden unmerklich im Unterbewusstsein abgelegt. Solche negativen Bilder sind wie geistiges Unkraut, das immer wieder energetisiert wird. – Ich empfehle jedem Raucher, dass er »Gesundheit« auf die Packung schreibt, denn dies ist immer noch besser, als die gedankliche Negativität mit jedem Atemzug in seinen Körper zu lenken.

Zusammenfassung von Prinzip 2:

Resonanz / Anziehung / Entsprechung

Die geistige Meisterschaft verlangt, dass wir unsere inneren Bilder und Vorstellungen überprüfen und im besten Sinn verändern.

Achten wir darauf, was wir mit Worten verbinden, dann gelingt es uns wirklich zu sagen, was gesagt werden sollte.

Es ist wichtig, die Worte gezielt und bewusst zu wählen, um damit sein inneres Bild nach außen zu transportieren.

Willst du geliebt sein, zeige jedem Menschen deine Liebe und Wertschätzung. Wenn dich deine innere Überzeugung daran hindert, beginne diese im Sinne von Prinzip 1 umzustellen.

Willst du finanziellen Reichtum und Wohlstand erleben, liebe es ab jetzt, dein Geld im freudigen Bewusstsein von »bereits haben« einzusetzen, und verstärke dein Resultat, indem du dich für den anderen freust, dass er Geld einnimmt. Du investierst dein Geld in Produkte, die dich erfreuen und die dir dienen, und somit schätzt du in der Tat, was andere leisten. Sei dabei auch bereit, einen guten Preis für gute Ware zu zahlen, denn jeder will gut entlohnt werden - du auch, oder? Was du tust, fällt auf dich zurück! Verinnerliche diese Wahrheit, denn sie ist der Schlüssel für deinen zukünftigen

Wohlstand. Gönne dem anderen bewusst sein gutes Geschäft. Dies führt dazu, dass man deine Leistungen und Produkte schätzt und dass andere gerne ihr Geld dafür ausgeben. Gib von Herzen, was du hast, denn es wird sich immer lohnen.

Deine Absicht und dein innerer Wunsch sollten sich in der Tat entsprechen.

3. Prinzip:

Schwingung

(Steuerung der Gefühle und Emotionen /persönliche Wellenlänge / Frequenz /geistige Stufe (Niveau) / Ausrichtung und Empfänglichkeit)

»Es ist sehr viel leichter, ein schlechter Mensch zu sein, als ein guter.«

»Das Gute resultiert aus der Selbstliebe und der bedingungslosen Liebe!«

Die drei Eigenschaften der Liebe – allumfassend, immerwährend, unbedingt.

Es gibt 7 Bewusstseinsebenen; jedes dieser geistigen Niveaus ist in 7 Grade unterteilt, und diese geistigen Existenzebenen unterscheiden sich durch unterschiedliche Frequenzen und Schwingungsgrade.

Der eigene Bewusstseinsgrad kommt in der persönlichen Lebenseinstellung und den damit verbundenen Bedürfnissen zum Ausdruck. Das Bestreben mehr zu wissen, mehr zu erkennen und die gegebenen Lebensumstände zu erweitern und zu verbessern, bestimmen das Aufsteigen in höhere Bereiche. Gedanken und Gefühle zeigen sich in Wellen und in Frequenzen. Jeder Gedanke hat seinen eigenen Geruch, und so können Gedanken bzw. Menschen durch ihre Gedanken stinken oder »gut riechen«. »Einen guter Riecher haben« oder »ich kann dich gut riechen« zeugt von einer wohlwollenden Grundeinstellung. »Mir stinkt, was du denkst! Was denkst du wieder für einen Mist?« drückt das Gegenteil aus.

In allem sind Schwingungen, die unser Gefühl ansprechen oder aber unsere Emotionen in Wallung bringen - ohne Gefühl geht gar nichts. (Verstandesorientierte Menschen scheitern im Übrigen mit ihren Theorien an der Unberechenbarkeit des Gefühls.)

Was bestimmt im Wesentlichen unser Gefühl? Wir reagieren auf Töne, auf Gerüche, auf Farben, auf Symbole, auf Formen und Bewegungen, die mit unseren inneren Bildern und Vorstellungen übereinstimmen.

Liebe ist die Schwingung mit der höchsten Frequenz, und sie ist die einzige Kraft, die alles durchdringt und die uns im Wachsen und Werden unterstützt sowie uns in unserem seelischen Sein voranbringt. **Liebe schafft Verständnis!** Liebe ist die alles heilende Kraft, das grundlegende Gefühl, das in allen Schöpfungen vorkommt!

Der Grad an Liebesfähigkeit wird durch die innere Vorstellung bestimmt, und durch negative Einstellungen kommt ein deutlich verringertes Maß an Liebesfähigkeit in lieblosem Verhalten zum Ausdruck. Liebe ist aber in allen Daseinsformen und Existenzen enthalten und kann niemals vernichtet und ausgelöscht werden, denn sie war, ist und wird immer sein, denn sie ist die »göttliche Mutter« allen Lebens.

Die Liebe verlangt keine Tat! Die Liebe ist die Tat selbst!

Liebe hat nie ein Gegenteil, und so ist Hass nicht das Gegenteil von Liebe, sondern Hass ist eine Emotion, die durch den Mangel an Selbstliebe erschaffen wurde und die durch eine ablehnende Geisteshaltung weiter genährt wird.

Jede Emotion hat ihre gedankliche Ursache. Das Gefühl der Liebe aber ist einfach, ohne Grund. Dies ist bedingungslose Liebe, bedingungslose Freude, bedingungslose Offenheit. Liebe ist eine Herzensangelegenheit, Emotion dagegen eher eine Kopfsache. Wunschlos glücklich zu sein oder nur dann glücklich sein zu können, wenn ein Wunsch erfüllt wird, macht den entscheidenden Unterschied.

Hass ist also kein Zustand von verminderter Liebe, sondern er ist ein Zustand von absoluter, emotionaler Selbstbestrafung. Emotionen werden im Kopf erschaffen und basieren auf bestimmten Erwartungshaltungen. Erhält jemand ein Geschenk, so freut er sich in diesem Moment, bedankt sich und vielleicht sagt er sogar noch: »Das werde ich dir nie vergessen.« Doch bereits einige Minuten später macht der Schenkende vielleicht eine unpassende Bemerkung, und schon kann es mit der überschwänglichen Freude vorbei sein. »Das werde ich dir *nie vergessen*« (vergessen ist die hier bildhafte Vorstellung im Unterbewusstsein) heißt demnach eigentlich in Wahrheit: »Ich habe es schnell vergessen«, und so verlangt die emotionale Freude die Wiederholung der Tat. Emotionen sind Empfindungen, die nie anhaltend, sondern höchst wechselhaft und unberechenbar sind.

Versprich nie etwas in einer Hochstimmung, und entscheide nie etwas in einer negativen Stimmung, denn du wirst beides bereuen. Das Grundgefühl, aber auch jede Emotion (Freude, Trauer, Ärger, Wut, Euphorie, Hass, Eifersucht, Schuldgefühl, Trauer, Ohnmachtsempfinden, Missgunst, Neid, Frust, Stress usw.) transformiert die Geisteshaltung in die Erfahrung des persönlichen Erlebnisses. **Wenn du dich gesund denkst, dann musst du dich auch noch gesund fühlen. Denkst du dich reich, dann prüfe, ob du dich bereits reich fühlst.** Fehlt das Gefühl, bekommt der Gedanke keinen Nährboden, um zu wachsen und sich in der Realität zu verwirklichen.

Farben, Formen, Töne, Worte, Gerüche, Symbole, Zahlen und Klänge sind Schwingungsträger, die unser Grundgefühl ansprechen, anregen und die die uns innewohnende Stimmung nach außen bringen können. Die Tonlage verrät meist auch die Stimmungslage. Frage dich also: Welche Grundstimmung leitet dich? Bist du grundsätzlich optimistisch oder eher pessimistisch veranlagt? Welche Kräfte wirken durch dich? Beobachte, was dich zum Handeln oder Nichthandeln bewegt, und du erkennst den Schlüssel in dir.

Alles ist Schwingung, und jede Schwingung hat ihre eigene Bewegung. Nichts ist wirklich Ruhe, doch in der Ruhe erlebt man die wohltuende Wirkung des allumfassenden Nichts!

Vibrationen! Ohne Spannung gibt es keine Energie. Jegliche Verspannung ist das Zuviel auf der einen Seite und das Zuwenig auf der anderen. Wir alle sind gesteuert durch unsere Emotionen und Empfindungen. Ist ein Mensch der festen Überzeugung, dass er immer das Opfer ist, so werden sich seine Opfererfahrungen häufen, bis er irgendwann genug davon hat und seine Wirklichkeit verändert – aus Liebe zu sich selbst.

Willst du einen anderen Menschen bestrafen, weil du verletzt bist, so wirst du selbst am längsten leiden. Versöhne dich mit dir selbst, und beginne, Liebe zu geben, damit du Liebe erhältst. Musstest du - aufgrund karmischer Ursachen - unter Lieblosigkeit leiden, so kannst du dich selbst davon befreien, indem du jetzt mehr Liebe gibst, als du zur Zeit erhältst. Mache weiter, und lasse dich nicht beirren, denn dies ist der Weg zurück in die Liebe.

Mangel ist eine Form von geistiger Sucht, die nie befriedigt sein wird und die nie zur Erfüllung führt. Jede Befriedigung ist von sehr kurzer Dauer und reicht nicht aus, um den inneren Hunger zu stillen. Süchte sind nur der verzweifelte Versuch, ein Hochgefühl zu erleben, um dann aber nur enttäuscht weiterzusuchen. Das Gefühl in dir will geheilt werden, damit du zu einem Magneten für noch mehr Liebe und Freude werden kannst.

Jeder Gegenstand hat seine eigene Schwingung. So trägt ein Gegenstand die Schwingung des Erzeugers und des Besitzers, denn jeder Gegenstand ist ein Schwingungsträger, der die Erinnerung an bestimmte Situationen zu wecken vermag. Wenn du beispielsweise dein Hochzeitskleid anziehst, dann wird dich dies in deiner Erinnerung sofort an den Tag deiner Hochzeit zurückbringen, und du kannst so deine vergangenen Empfindungen und Erlebnisse wiederbeleben.

Gegenstände sind Erinnerungsstücke an vergangene Zeiten, und so fällt es vielen Menschen schwer, sich von Dingen zu trennen, mit denen sie eine positive Erfahrung verbinden. Die teure Lederjacke verbindet dich z. B. mit der Erfahrung, dass es dir gelungen ist, ein so wertvolles Stück zu besitzen. Anstatt aber nun daran zu »hängen«, könntest du deine Erfahrung wiederholen, denn was dir schon einmal gelungen ist, könnte dir durchaus wieder gelingen. Gehe in deiner Erinnerung dahin zurück, und schaue, was dir damals die Kraft und den Mut verliehen hat, deinen Wunsch zu realisieren. Erinnere dich an deine positive Kraft, und stärke deinen Mut, weitere Herausforderungen meistern zu können. Steigere deine Leistungsfähigkeit, indem du dein Gefühl von jeglichen hinderlichen Emotionen bereinigst. Fühle dich reich! Fühle dich geliebt! Fühle dich stark! – Sollte dir dies jetzt schwerfallen, so hole ein Foto von dir hervor, das eine Momentaufnahme in deinem Leben zeigt, in dem du glücklich warst. Versetze dich geistig und emotional in den vergangenen Zustand, und lasse diesen neu in dir aufsteigen.

Bist du zur Zeit nicht gesund, so wähle ein Foto von dir aus, das aus einer Zeit stammt, in der für dich gesundheitlich alles in bester Ordnung war. Nun schaue dieses Bild jeden Tag für fünf Minuten am Morgen und für fünf Minuten am Abend an. Achte unbedingt darauf, dass du nichts dabei denkst, denn allfällige Gedanken könnten die Verankerung deines gewünschten Bildes stören. Sobald Gedanken aufkommen, so sage STOPP oder RUHE, und betrachte das Foto weiter wertfrei, also ohne verstandesmäßige Beurteilung. Es braucht ein wenig Übung und Ausdauer, aber wenn du es während 40 Tagen - ohne Unterbrechung - schaffst, dies zu tun, kannst du es loslassen, und es wird sich wie von selbst erfüllen.

Martin hatte sich am Knie verletzt. Ich habe ihm geraten, ein Foto von sich hervorzuholen, das ihn auf einer Bergtour zeigt. Er sollte den Moment

Ja, ich möchte gerne weitere Informationen erhalten.

Bitte senden Sie mir Informationen

❍ per E-Mail *oder* ❍ per Post

❍ zum Verlagsprogramm

❍ zu den Novitäten

❍ zu Seminaren

Ihr Interesse wird belohnt!

Unter allen Einsendern verlosen wir monatlich 10 Exemplare unseres Buchtipps des Monats.

Einsendeschluss ist jeweils der 15. des laufenden Monats. Die Gewinner werden schriftlich benachrichtigt, der Rechtsweg ist ausgeschlossen.

Name, Vorname

Telefon E-Mail

Straße, Hausnummer

Land, PLZ, Ort Unterschrift

Ich erkläre mich einverstanden, dass der Verlag »Die Silberschnur« und Kooperationspartnern meine Daten zu Direktmarketingzwecken verwenden dürfen.

und das Gefühl, das er damals hatte, wieder in seiner geistigen Vorstellung aktivieren, denn das könnte ihm helfen, den gesunden Zustand seiner Knie wiederherzustellen, weil es bereits eine reelle Tatsache in seinem Leben war. Ein solches Vorgehen beschleunigt den Heilungsprozess und beeinflusst ihn auf jeden Fall positiv. Seine geistige Absicht war es, wieder zwei gesunde und auf Dauer voll funktionsfähige Knie zu haben. Dazu braucht es die geistige Zielsetzung mit allem, was dazu gehört. (Geistigkeit - entsprechende Vorstellung - Gefühl der Verwirklichung)

Zusammenfassung von Prinzip 3:

Schwingung / Gefühle / Emotionen

Die geistige Meisterschaft verlangt danach, das eigene Gefühl zu überprüfen und sich von Emotionen zu reinigen, denn Emotionen sind gefühlsmäßige Ausbrüche, die unter Kontrolle gebracht werden müssen, sonst wird man ihr Sklave. Lerne, ein positives Gefühl zu haben, egal ob heute die Sonne scheint oder ob Nebel deine Weitsicht behindert.

Negative Zustände können maßgeblich durch die bewusste Einstellung verändert werden. Vielleicht kennst du das Experiment, in dem man nachgewiesen hat, dass Wasser mittels Worten besprochen werden kann und es sich dadurch in seiner Struktur sofort verändert hat? Das Wort »Liebe« führte dazu, dass das Wasser sichtlich belebt wurde - und mit dem Wort »Hass« wurden sofort Zerstörung und Zerfall sichtbar. - Nutze diese Erkenntnis für dich, indem du immer, wenn du deinen Körper berührst, auch wenn er dir nicht gefällt, das Wort LIEBE aussprichst. Sicherlich hast du bereits die Erfahrung mit Pflanzen gemacht, die schneller wachsen und gedeihen, wenn du ihnen sagst, dass du sie liebst. Tue dies nun auch für dich. Schaue dich selbst im Spiegel an, und liebe dein Spiegelbild, indem du »ich liebe dich, ich liebe dich, ich liebe dich« sagst. Dies fördert deine Eigenliebe, die für die Erfüllung deines Lebensglückes von fundamentaler Bedeutung ist.

Deine Absicht, mit allem, was du bist und hast, dem Glücklichsein anderer Menschen zu dienen, macht dich zu einem wahren Menschenfreund, der nur noch Freunden begegnen wird. Deine liebevolle Absicht wird das Beste und Höchste von dir zum Ausdruck bringen.

4. Prinzip:

Polarität

(Formgebung / vermeintliche Gegensätze / geistige Unterschiede / Wechselseitigkeit – Spiegelung / Konzentration auf die eigene Mitte)

Die unfassbare Kraft, die ich hier mit dem Wort **Gott** benenne (ohne an eine bestimmte religiöse Figur zu denken), und die **Liebe** sind eins. Diese ewig wirkenden Kräfte kennen keine Gegensätze und haben kein Gegenteil.

Die Verkörperung ist die Vereinigung zwischen Seele und Leib, um irgendwann die Befreiung aus der Form zu vollziehen, indem der Mensch keine Wünsche mehr hat. Form ist dabei Geist in bestimmten Grenzen, und jede Form entsteht aus der Mitte und besitzt zwei Pole. Jeder Pol stellt sozusagen die *end*liche Ausdehnung zur einen und zur anderen Seite hin dar. So hat jedes Ganze zwei Pole, die uns das ganze Ausmaß eines materiellen Zustandes erleben lassen. Der Anfang ist gleichzeitig das Ende, und das Ende leitet einen neuen Anfang ein; die Existenz eines Pols bedingt die Existenz des Gegenpols (Extreme).

Um sich voll und ganz über eine Sache bewusst sein zu können, ist die gegensätzliche Erfahrung nötig. Denn wie käme das Gute zur Geltung, wenn wir nicht auch das Böse kennen würden? Nur wer Kälte kennt, weiß Wärme zu schätzen, doch wer unter Hitze leidet, wird sich als Ausgleich Kälte wünschen. Gegensätze sind also bloß ein unterschiedlicher Grad derselben Sache.

Jede These hat immer auch eine Antithese, materiell spiegelt sich in nichtmateriell, und jeder Punkt kennt auch den Kontrapunkt. Es gibt kein Oben ohne ein gleichzeitiges Unten, kein Weiblich ohne Männlich, kein Innen ohne Außen. Opfer und Täter sind Gegensätze, die einander brauchen. So ist der Täter auf sein Opfer fixiert, und durch seine geistige Fixierung wird er selbst zum Opfer werden. Ein Opfer, das den Täter nicht loslässt, wird somit wieder selbst zum Täter werden und sich aufgrund von Rachsucht zu schlechtem Tun gezwungen fühlen. Es gibt das Eine nicht ohne das Andere. – Nur wer in seiner Mitte ist, ist nicht auf der einen Seite gefangen und hat gleichzeitig die Sehnsucht, auf der anderen Seite zu sein. Die Wirkung der Polarität zeigt uns dabei aber auch deutlich, wo wir uns positioniert haben und wo wir also momentan stehen.

Das Prinzip der Polarität verlangt die bewusste Kontrolle der gegensätzlich wirkenden Kräfte in uns. Fühlst du Misstrauen, so steuere mit dem bewussten Impuls von VERTRAUEN dagegen, um Herr über deine Zwänge zu werden. Der Angst von Verlust könntest du mit GEWINNEN beikommen.

Wer das Gesetz der Polarität nicht zu beherrschen lernt, der fällt von einem Extrem ins andere! Das Pendel schlägt dann gnadenlos aus.

In uns wirken demnach zwei Kräfte, eine aufbauende und eine abbauende. Die aufbauende Kraft sollten wir zum Erschaffen und zum Erreichen von Zielen einsetzen, und die negative, abbauende Kraft sollten wir zur Auflösung von negativen Zuständen nutzen. Negativ eingestellte Menschen setzen diese auflösende Kraft zwar dafür ein, andere von sich fernzuhalten oder diese zu vernichten, aber wir sollten sie vielmehr dafür nutzen, die »gedanklichen Dämonen« in uns aufzulösen.

Wenn du Hass verspürst, solltest du mit LIEBE die Kontrolle über die zerstörerische Emotion übernehmen. Wenn die Angst vor Streit dich lähmt, bestimme mit FRIEDE MIT DIR das Ende der Kämpfe. Das Gute und das Böse kämpfen um die Vorherrschaft. »Es schlagen zwei Seelen ach in meiner Brust!« Wir können uns fragen: Welcher Seite in uns tragen wir Rechnung, und welchem Impuls folgen wir? Welcher Seite in uns schenken wir unsere Aufmerksamkeit? Erliegen wir dem Negativen, so werden Resignation und Abstumpfung zum alltäglichen Erleben. Siegt das Gute über das Böse, oder schafft es das Böse, das Gute zu verschlingen? In Wahrheit bewegen sich alle Seelen nach oben oder nach unten. Das Negative frisst dabei Lebensenergien auf, das Positive schöpft aus der ewigen Kraft.

So verlangt die Meisterschaft des Polaritätsgesetzes, dass wir unsere Mitte/unser seelisches **Gleich***gewicht* finden, und aus dieser(m) heraus agierend können wir alles sein, ohne uns weiter ent*scheiden* zu müssen. Ansonsten pendeln wir zwischen den unterschiedlichen Graden hin und her und unterliegen den äußeren Gezeiten. So erlaubt es uns das Polaritätsgesetz, das ganze Ausmaß einer Realität / Form zu erleben, zu begreifen und unsere geistigen Schlüsse daraus zu ziehen. Wer die Erfahrung von positiv und negativ gemacht hat, kann sich daraus befreien, denn nun kennt man das ganze Ausmaß, und es macht keinen Sinn, immer das Gleiche zu erleben. Aus der Mitte heraus ist nun der Schritt in die nächsthöhere Entwicklungsstufe möglich. Wir sind der Schlüssel, der die Tür in die nächste Ebene öffnet. Die gemachte Erfahrung erlaubt es uns, die befreiende Erkenntnis zu haben.

Unbelehrbare Menschen allerdings machen in unzähligen Inkarnationen die gleichen Erfahrungen, weil sie sich noch nicht von der Opfer-Täter-Realität befreit haben. Wer glaubt, er wäre ein unschuldiges Opfer, der hat seine eigene Wirkung und Macht noch nicht begriffen. So geht die Erfahrung in *der* Form und Weise weiter, die der inneren Lebenssicht entspricht.

Je höher die Entwicklungsebene ist, umso weniger extrem schlägt das Pendel aus.

Die Meisterschaft des Polaritätsgesetzes besteht darin, dass wir zum neutralen Beobachter werden und dadurch erkennen, welche Kräfte in diesem Moment wirken, so dass wir aus der bestimmenden Mitte heraus einen Ausgleich herbeiführen können.

Besondere Achtsamkeit sollten wir unseren Neigungen widmen, denn sie decken auf, auf welche Seite wir tendieren und welchen Mächten wir nachgeben. Wer versucht, den Teufel mit dem Belzebub auszutreiben, geht dem Negativen direkt wieder auf den Leim. Freude wirkt immer inspirierend und Ärger ansteckend. Für Zorn und Ärger gibt es Gründe, doch sollte man sich dadurch nicht gehen lassen, denn dies würde bedeuten, dass man negativen, zerstörerischen Kräften verfällt.

Wie gesagt: Nur aus der Mitte heraus ist die bewusste Steuerung möglich, und Achtung: Deine persönliche Absicht bestimmt das Resultat.

Die Außenwelt ist ein Spiegel der Innenwelt. Wie innen, so außen, und wie außen, so innen! Wie erlebst du dich? Was löst du mit deinen Handlungen aus? Willst du Angst und Schrecken verbreiten, weil du denkst, dass dich keiner liebt? Achte darauf, was dir am Tun anderer auffällt und wie du dieses bewertest, denn darin könntest du dich wiederfinden. Was speicherst du über bestimmte Menschen? Wie betrachtest du deine Situation? Befreie dich aus deiner Opferhaltung! Befreie dich aus dem Gefühl, schuld zu sein, aber übernimm ab jetzt für deine Handlungen Verantwortung. Darin zeigt sich deine wahre Größe.

Uns fällt meist an anderen negativ auf, was wir selbst im Inneren als falsche Überzeugung verankert haben. Wir sind auch hier, um uns von falschen Überzeugungen zu heilen und um uns aus dem Spiel des ewigen Hin und Hers zu befreien. Ein bewusster Mensch freut sich, wenn er bei sich eine negative Reaktion erkennt, denn so kann er jetzt gegensteuern und sich davon befreien.

Liebe deine Feinde, denn sie zeigen dir, wo du deine eigene Einstellung bewusst und im besten Sinn verändern kannst. Schafft es noch jemand, dich zu ärgern, dann bist du noch nicht ganz frei von Wertungen und Urteilen, die dich auf einer bestimmten Ebene halten. Dein Niveau würde auf einer tiefen Frequenz stecken bleiben. Denke immer daran, die äußere Sicht zeugt von deinem inneren Horizont. Wonach strebst du? Vielleicht könntest du dich jetzt dafür entscheiden, dass du alles erreichst, was deinem Seelenplan entspricht. Mache deine Absicht deutlich, indem du sagst: »Ich will alle Ziele erreichen, die ich mir im Sinne meiner seelischen Meisterschaft gesteckt habe.« Hast du Vertrauen, dass nur das Beste geschieht? Stelle deinen Verstand ruhig, und aktiviere dein Gefühl des Vertrauens durch die innere Gewissheit, dass du ein geliebtes, göttliches Wesen bist. Heile deine Verlustangst, indem du dein Augenmerk darauf richtest, was du in jedem Moment gewinnst.

Wenn also die Außenwelt ein Spiegel unserer inneren Geisteswelt ist, so erkenne nun, wie du deine Welt umgestalten willst. Konzentriere dich auf die guten Taten, und schicke Liebe, Frieden, Freude, Freiheit in die Bereiche, in denen Schmerz, Krankheit, Zerstörung und Gewalt herrschen. Deine Einstellung kann viel zur Heilung dieser Welt beitragen.

In meiner Beratungspraxis begegnen mir viele Menschen, die an einer grundlegenden Lösung interessiert sind, denn das bin ich selbst auch. Durch mein eigenes, inneres Streben ziehe ich Menschen in mein Dasein, die auf ihre Weise auch nach dem Höchsten streben.

Was wir an anderen bewerten, wird zu unserer eigenen Herausforderung werden. Wer daher beispielsweise darin verharrt, seine Eltern zu verurteilen und für alles verantwortlich zu machen, der wird genau die Fehler machen, die er anderen vorwirft.

Ein praktisches Beispiel zum Gesetz der Polarität:

Sofia wurde in folgende Situation hineingeboren: Ihre Mutter arbeitete in einem Geschäft, das Schokoladenspezialitäten verkaufte, und sie war sehr stolz darauf, dass sie dort arbeiten durfte, denn die »bessere Gesellschaft« kaufte dort ein. Ihre Mutter hatte das seelische Bedürfnis nach einem gehobenen Lebensstandard, was da heißt, mehr Geld und gesellschaftliches Ansehen sowie Bewunderung durch die Mitwelt zu genießen. Der Vater von Sofia arbeitete als einfacher Briefträger und hatte keine allzu großen Ambitionen, Karriere zu machen.

Ihre Mutter nun hatte das irrtümliche Programm in sich (viele Frauen leben in dieser Erwartung), dass sie eine Lebensstandardverbesserung durch den Lebenspartner erzielen wollte. Wenn er Karriere machen würde, würde sie auch davon profitieren und durch ihn an Ansehen gewinnen. Als nun die Mutter mit Sofia schwanger war, sagte ihr Partner: »Mein lieber Schatz, du brauchst nun nicht mehr arbeiten zu gehen, sondern bleib zu Hause, und lass es dir gut gehen, ich sorge dafür, dass Geld ins Haus kommt, und du dafür, dass sich unsere Kinder gut entwickeln und dass ich mich in einem gemütlichen Heim wohlfühlen kann.« Die Mutter gab auf, was sie liebte, und tat, wie vom Ehemann geraten.

Der Vater arbeitete weiter als »kleiner Angestellter«, aber sein unterbewusster Lebenstraum war es, zu Hause bleiben zu können. Doch seine Rolle als Ernährer verlangte von ihm, dass er täglich zur Arbeit fuhr. Er glaubte, er würde seiner Frau einen Gefallen tun, wenn sie zu Hause sein könnte.

Aus einem falschen Verständnis und aus der fehlenden Kommunikation heraus leben Menschen also nebeneinander her - und das im *festen Glauben,* das Beste zu tun. Der eigene Wunsch wird auf den anderen übertragen, und man kann nicht verstehen, warum dieser nicht glücklich ist. Aus dieser Haltung heraus glaubte der Vater von Sofia, seiner Frau einen großen Liebesdienst zu erweisen, wenn er es ihr ermöglichte, ein häusliches Leben zu führen. Die Mutter von Sofia aber wurde trotzdem (wen wunderts?) immer unzufriedener, weil dies nicht wirklich ihrem inneren Lebenstraum entsprach. Sofia selbst wuchs in dieser unterschwellig angespannten Atmosphäre auf, und sie »schwor sich«, es einmal ganz anders zu machen. Sie nahm den Mangel der Mutter wahr, weil es auch die Absicht ihrer Seele ist, sich aus der finanziellen Abhängigkeit des Mannes zu befreien. (Wir sind hier, um uns aus karmischen Verstrickungen zu heilen!)

Als Sofia erwachsen war, war es für sie das Wichtigste, eine gute Ausbildung zu absolvieren, um in Führungsbereichen tätig sein zu können. Sie erfüllte damit unbewusst den Wunsch ihrer Mutter und hatte mit »wichtigen Führungsmenschen« zu tun, die in der Firma und in der Gesellschaft einen hohen Rang einnahmen. Indem Sofia Assistentin der Geschäftsleitung wurde, kam sie zu Ansehen - durch die Position des Chefs. Sofia wollte nicht - wie ihre Mutter - auf einen Partner angewiesen sein und zu Hause versauern. Der Mangel der Mutter wurde also zu ihrem Zwang, oder weckte er bloß die innere Angst? Sie bemerkte nicht, dass ihr Chef irgendwie die Position eines Vaters hatte, der dafür sorgte, dass der Laden läuft und Sofia ihre Stelle und ihre finanzielle Einnahmequelle behalten konnte.

Lange Zeit misstraute Sofia jeder Partnerschaft, denn sie traute ihrem Gefühl und ihrer eigenen Wahrnehmung nicht, und sie setzte unbewusst Partnerschaft als einen Zustand gleich, der von einem verlangte, die persönlichen Wünsche und Ziele aufzugeben. Sie war der irrigen Meinung, Partnerschaft sei gleichbedeutend mit Selbstaufgabe und Selbstvernachlässigung. Dies wollte sie auf keinen Fall, und sie merkte sich die Beziehungen, die ihr inneres Befürchten bestätigten. - Doch der Wunsch nach Partnerschaft und Liebe ließ ihr letztendlich keine andere Wahl, als das Risiko einzugehen. Sofia ist heute verheiratet, und dennoch trennen beide Partner die Lebensbereiche Arbeit und Geld strikt. Eigentlich leben beide so, als könnten sie sich sofort trennen; alles ist schon aufgeteilt. Sie ist in das Haus des Mannes gezogen, hat dort aber ein Zimmer für sich, und das Haus ist mit den Gegenständen ausgestattet, die ihr Mann bereits vor ihrer Beziehung besaß. – Die Eltern von Sofia lebten eine erzwungene Einheit, und Sofia selbst lebt in einer Partnerschaft, in der man sich sofort trennen könnte, weil alles schon so getrennt gehalten wird. In dieser Realität erkennt man, dass Sofia einfach von einem Extrem ins andere gewechselt ist und die Lösung nicht wirklich geschafft hat. Nur das Eine zu tun und das Andere zu lassen, das ist nicht wirklich die Lösung.

Im Unterbewusstsein beschäftigt Sofia noch eine weitere Angst: Sie weiß nicht, ob sie Kinder haben will oder ob Kinder sie von ihren Lebensplänen abhalten würden. Auf der einen Seite »ja«, aber auf der anderen Seite sagt etwas in ihr auch wieder »nein«. Falsche Verknüpfungen führen oft dazu, dass man gar nicht überlegt, wie man beides

»unter einen Hut bringen könnte«. Da ihre Mutter ihren Beruf aufgab, als sie schwanger wurde, besteht auch heute - unterbewusst - bei der Tochter noch die Angst, sie könnte in die gleiche Schicksalsfalle wie ihre Mutter tappen. Die Lösung wäre, bewusst zu planen, wie sie Zeit für ihre Partnerschaft, Zeit für ihre Tätigkeit und auch ausreichend Zeit für ein Kind haben könnte. (Hier müsste die innere Überzeugung »Ich habe nicht für alles Zeit« in »Ich habe für alles viel Zeit« verändert werden.) Alles ist möglich, und die Absicht, es zu schaffen, wird Wege aufzeigen. Da könnte ihr ein neutraler Berater behilflich sein, denn ihre inneren Befürchtungen stehen einer optimalen Lösung im Weg. Die Idee könnte sein, vielleicht nur noch einen Tag im angestammten Beruf zu arbeiten und - je nach Alter der Kinder - entsprechend Zeit und Raum für persönliche Projekte sowie für Partnerschaft und Familie einzuplanen. Es geht darum, eine moderate Situation zu schaffen, die alles vereint und in der weder Verzicht noch Einseitigkeit wirken.

Extremes Selbstbewusstsein steht immer extremer Minderwertigkeit gegenüber. Die Lösung wäre, sich seiner Stärken bewusst zu sein und damit der eigenen Schwächen Herr zu werden. – Wer unter Hitze leidet, sehnt sich nach Kälte, und wer in der Kälte steht, kann es kaum erwarten, in die Wärme zu gelangen. Wäre die Lösung ein »lauwarmes Klima«?

Zusammenfassung von Prinzip 4:

Polarität / Wechselseitigkeit / Spiegelung / Transformation

Die geistige Meisterschaft verlangt von uns, die eigene Mitte zu erreichen und so in eine neue Lebensphase zu wechseln.

Die Mitwelt ist dein Spiegel, und das, was dir darin auffällt, ist das, was dich mehr oder weniger im Inneren beschäftigt. Was du an jemandem bewunderst, ist das, was du selbst erreichen kannst, und das, was du verabscheust, ist das, was du tief im Innersten befürchtest. Achte darauf, was dich wie und warum beschäftigt. Vielleicht siehst du ja nur dein Gegenteil im anderen?

Alles hat zwei Seiten, die scheinbar voneinander getrennt sind, dennoch sind diese Extreme nur verschiedene Seiten derselben Sache. Es geht darum, die EINheit in allem zu erkennen. Schaffen wir es, in die Mitte zu kommen, erleben wir das Ganze und sind nicht mehr im Geschehen gefangen.

Das Prinzip der Polarität fordert uns auf, die Ganzheit in allen Dingen zu erfassen, um so zum Kern aller Realitäten vorstoßen zu können.

Befreie dich vom Zwang zu bewerten, denn jegliche Bewertung beruht auf dem Bewusstsein eines unvollständigen Zustandes. Du kannst etwas nur als »gut« bezeichnen, wenn du gleichzeitig den Vergleich mit »schlecht« machst. So ist jedes Mal, wenn du »gut« sagst, unbemerkt auch das »schlechte Bild« aktiviert. Bedenke: Es gibt das Eine nicht ohne das Andere.

Unser Verstand bewertet die gegebenen Zustände ständig nach dem gespeicherten Werteschema. Uns wird von der Gesellschaft eingetrichtert, was gut und was schlecht ist. Im Sinne des wertfreien Erlebens gibt es aber nur die Erfahrung als Ganzes.

Jeder wahre Meister nutzt das Prinzip der Polarität als Mittel der Transformation zur Heilung aller negativen Zustände.

Praktische Beispiele: Verspürst du Trauer, so gib das Kommando FREUDE. Hast du die Empfindung von Leere, so gib dein Kommando zur FÜLLE. Sprich ein Machtwort, um Herr über deine Zwänge zu sein: Korrigiere beispielsweise Misstrauen mit VERTRAUEN. Fühlst du dich krank, so bestimme mit GESUNDHEIT, dass die Harmonie in dir wiederhergestellt wird. - Niemand setzt dir Grenzen, jeder begrenzt sich nur selbst.

5. Prinzip:

Rhythmus

(geistige Beweglichkeit / persönliche Motivation / Flexibilität oder Widerstand / geistige Ausdehnung in unterschiedliche Daseinsformen / Raum-Zeit-Kontinuum / säen und ernten)

Alles zu seiner Zeit!

Vergangenheit und Zukunft treffen sich JETZT! Wer verharrt, zerbricht! Wer festhält, glaubt nicht an den Fortschritt! Wer spart, lebt bereits im Mangel.

Das Leben bewegt sich in Wellen und spiralförmig nach oben oder nach unten. Es steht niemals still, sondern es beWEGt sich fortwährend. Ausatmen führt zu automatischem Einatmen, alles ist ein Auf und Ab. Würden wir nur einatmen oder aber nur ausatmen, so könnten wir nicht leben. Jede Aktion hat eine »Re-Aktion«, denn jede Handlung ist ein GEBEN und wird durch das EMPFANGEN abgeschlossen. So dient beispielsweise die Nacht der Ruhe, damit der Tag aktiv genutzt werden kann.

Nutzen wir die gegenwärtige Kraft des Lebens, dann halten wir an nichts fest, sondern lassen los. Loslassen bedeutet, keinen Widerstand zu leisten, sondern anzunehmen, was ist. Die Weisheit des Meisters besteht also darin, die Dinge zu akzeptieren, die im Moment nicht zu ändern sind, und jetzt zu ändern, was man ändern kann. Nur so zerbrechen wir nicht, sondern können die Kraft der Gegenwart zum Aufschwung und für die bewusste Veränderung nutzen. **Im Annehmen geschieht das wirkliche Loslassen, und somit ergeben sich gleichzeitig Lösungen.** Wer aber Widerstand leistet, verletzt sich im Kampf gegen die Realität, die er in Wahrheit selbst erschaffen hat.

Wohin du willst, bestimmst du durch deinen freien Willen, wohin du dich treiben lässt, bestimmen deine Emotionen. Übernimm jetzt das Steuer, und bestimme durch deine Geisteshaltung, welche Realität für dich Wirklichkeit werden soll. Nutze deine Konzentration gemeinsam mit deiner inneren Ausrichtung, um deine Ziele sicher zu erreichen. Bleibe auf deinem »positiven Kurs«, egal wie lange es dauert und egal wie stürmisch es ist. Konzentration und Ausdauer bringen dich sicher an dein Ziel. Denke: Zeit ist eigentlich nur eine Illusion von Dauer. Deine Absicht ist dein Navigationssystem, das dich sicher ans Ziel leitet und dir hilft, »Kurs zu halten«. Ohne Ziel verlieren wir schnell die Orientierung und lassen uns nur allzu leicht von der Masse treiben. **Dein Ziel sollte sein, dich weiter im Sinne deines Seelenplanes zu vervollkommnen.**

Der Kampf mit der Zeit: Zeit heilt keine Wunden, sie lässt vielleicht die Erinnerung verblassen, aber sie ändert nichts. Nichts ist wirklich zu Ende, nur weil Zeit vergangen ist, denn die geistige Saat in uns geht irgendwann erneut auf. Die Vergangenheit steht für unsere Erinnerungen, die Zukunft steht für unsere Erwartungen, doch nur im Jetzt können wir die unbegrenzte Macht unseres Schöpfergeistes zur Umgestaltung nutzen; im Jetzt liegt die Macht zur wahren Veränderung.

Wir bauen Konflikte auf, indem wir Widerstand leisten und gegen alles und jeden sind. Jede Kampfbereitschaft erschafft Gegner; Kampf kostet Zeit,

Geld und Energie und nährt nur die Angst vor Verlust und Zerstörung. Krieg, Streit oder Zerstörungswut können nie ein glückliches Ende nehmen, weil sie auf ohnmächtiger Feindschaft basieren. Sie sind nur dann scheinbar zu Ende, wenn alle Kraft aufgebraucht ist. Doch der Konflikt ist nicht aufgelöst und wird irgendwann wieder an anderer Stelle ausbrechen. Kein Moment ist ewig, doch die gleichbleibende Geisteshaltung wird gleiche Realitäten hervorbringen.

Wer seinen Geist nicht klärt und auch seine Gefühle nicht bereinigt, der wird immer auch wieder ähnlich denkende und fühlende Menschen um sich scharen, die sich dann gegenseitig in ihren Vorstellungen bestärken und bestätigen. Man könnte hier von geballter Mentalität sprechen. Negativ eingestellte Menschen suchen immer Halt in Gruppierungen, denn das Negative hat alleine wenig Kraft. Ein bewusst positiv ausgerichteter Mensch aber vermag mit der Macht seiner geistigen Konzentration das Ganze zu stärken.

Deine Gedanken haben dich nun an diesen Punkt geführt. Nimm alles, was dir widerfährt, als dein Werk an. Dein Verstand wird sich zuerst gegen diese Vorstellung sträuben, denn es wird ihm »gegen den Strich« gehen, weil es über seine Verständnisfähigkeit hinausgeht. Begreifst du dich aber als Schöpfer deiner Realität, dann kannst du die Zeit jetzt zu deinen Gunsten nutzen. Deine innere Gewissheit über diese Weisheit stärkt deine Geduld und Ausdauer. **Die geistige Stärke zur Wirkung zu bringen bedeutet, konzentriert ausgerichtet zu bleiben, egal, was im Moment geschieht.**

Was wir GEBEN, werden wir automatisch EMPFANGEN. Wir säen, und wir ernten (Karma/Dharma), und dieser Prozess geschieht innerhalb einer bestimmten Zeitspanne. Das Leben verläuft in gewissen Bahnen und Rhythmen, indem sich die Zustände ständig vom Sein ins weitere Werden wandeln, um im erneuten Sein eine neue Ausgangslage zu schaffen. Sein - Werden - Sein! So ist das Sein eine Form von bewusstem »Halt«, und das Werden ist der Prozess des Verwandelns in neue Formen von bewusstem Sein.

Menschen handeln unüberlegt und sind bestürzt über das, was geschieht. Doch jeder macht seine

Schritte selbst, und keiner wird den Weg für einen anderen gehen können.

Unser Leben ist bestimmt durch den persönlichen Rhythmus, und so ist unsere seelische Melodie eine Komposition aus unterschiedlichen Tönen, die auf verschiedenen Höhen und Tiefen sowie in wechselnden Rhythmen ein Lied ergeben.

Das Leben ist wechselhaft, und genauso wie sich Tag und Nacht abwechseln, wechseln sich unsere Phasen von Erschaffen und Empfangen ab. Das Leben ist wie eine Welle, die aus der Tiefe zu ihrer möglichen Höhe aufsteigt. Es gibt also Phasen der inneren Konzentration, um anschließend wieder bewusst nach außen treten zu können.

»Ich habe mich zuerst an diesen Gedanken gewöhnen müssen!« Der Wechsel in die nächsthöhere Ebene verlangt von uns, bereit für neue Denkweisen zu sein. Das ist eine große Herausforderung, denn durch die Gewohnheiten des Alltags neigen wir vermehrt dazu, uns zu begrenzen. Wir werden zu Sklaven von Zeit und Raum. Im

Hirn eines Menschen hinterlässt die gewohnte Denkweise Spuren (Trampelpfade, die irgendwann zu Autobahnen werden), Denkgewohnheiten zementieren die innere Einstellung und es braucht seine Zeit, um von diesen wieder wegzukommen und neue Wege zu beschreiten.

In den meisten Köpfen herrscht die Einstellung, keine oder nicht genug Zeit zu haben. Wir sind überzeugt, dass wir am falschen Ort sind und dass andere unseren Lebensraum bedrohen oder zumindest begrenzen. Jetzt wäre ein günstiger Zeitpunkt, um deine Haltung hierzu zu verändern, indem du dir **immer wieder** sagst: *»Ich habe für alles viel Zeit; ich habe Zeit für meine Beziehung, ich habe Zeit für mich, ich habe Zeit, um meine Aufgaben und Pflichten mit Leichtigkeit zu erfüllen, ich habe Zeit für meine Kinder, ich habe Zeit zu genießen, ich habe Zeit, mich in Ruhe zu erholen«* usw.

Die räumlichen Einschränkungen könntest du mit der Neu-Planung deiner wohnlichen Vorstellungen ändern. Zeichne dir ein Bild, oder erstelle eine Collage von dem Haus / der Wohnung, in dem / der du irgendwann leben willst. Nutze deine

Macht der Visualisierung, und verankere dieses Bild in dir; lasse dann unbedingt los.

Im Alltagstrott stumpfen die geistigen Vorstellungen ab, und irgendwann hat man all seine Träume aufgegeben. Als Kind war man voller Tatendrang, und man konnte sich vorstellen, alles zu sein, bis wir die Einschränkung durch den Verstand zugelassen haben, die dazu geführt hat, dass wir uns selbst eingeredet haben, dass es besser wäre, unsere Träume zu vergessen. Das tun wir uns alle selbst an, weil wir zu sehr auf die Zweifler hören, die selbst bereits resigniert haben. – »Gebt dem Volk Brot und Spiele, denn damit nährt ihr die Trägheit, und somit ist es wesentlich einfacher, das gemeine Volk auszubeuten.« Ist dies nicht eine erschreckende Wahrheit? Indem man den Menschen das Denken abnimmt, nährt man deren Bequemlichkeit, die irgendwann in »geistiger und körperlicher Lähmung« enden wird.

Für Menschen, die sich bereits aufgegeben haben, ist jeder neue Denkansatz bedrohlich, und sie sind misstrauisch, als wäre ihr Leben in Gefahr. Sie haben sich leider schon an ihren Zustand gewöhnt und bringen keine große Kraft zur Veränderung mehr auf. Wer in seiner Denkweise festgefahren ist, verharrt in alten Strukturen, und sein Lebensalltag nimmt ihn gefangen. Willst du die alten Strukturen in deinem Leben auflösen, so muss du deine innere Sturheit überwinden, denn ansonsten bleibst du stehen und läufst im wahrsten Sinne des Wortes gegen Wände.

Unser Leben ist geprägt von wechselseitigen Ereignissen, die dazu dienen, uns auf eine neue Zeit/Ebene vorzubereiten. Diese Übergänge sind unterlegt durch geistige »Re-Formen« und »R-Evolutionen«, also muss jeder Mensch, der weitervorankommen will, bereit sein, Hypothesen genauer zu betrachten, er muss bereit sein, seine Irrtümer loszulassen und er muss sich dafür öffnen, Neues zu lernen, auch wenn neue Denkansätze zunächst fremd anmuten. Die Offenheit des Geistes erweitert den persönlichen Horizont.

Vor Angst erstarren! Angst ist die erstarrende Gegenkraft, die den geistigen Fluss zu hemmen versucht. Verfällst du deinen Ängsten, so entstehen

Blockaden und Hemmungen. Diese Ängste werden durch deine vergangenen Erlebnisse gestärkt - und zwar solange, bis du deren Mechanismus begreifst und es dir gelingt, die Angstvorstellungen zu heilen.

Furcht ist die Schwester der Angst. Wovor fürchtest du dich am meisten? Schränkt die Angst dein Leben ein? Schreibe sie auf ein Blatt Papier, und banne sie so mit deinen Worten auf den Raum eines Blattes. Lagere sie so aus deinem Inneren aus, und gib ihr durch deine Beschreibung oder durch ein gemaltes Bild außerhalb von dir Raum. Banne sie also in ein »ausgelagertes Bild«, und sie steckt nicht mehr in dir fest. Die Befürchtung bekommt so den geforderten Raum, aber sie bestimmt dich nicht weiter. Als nächsten Schritt könntest du deine Befürchtung wie eine Geschichte, die nun ein neues Ende bekommen soll, umschreiben. Oder du verbrennst das Blatt mit deiner Angst und bringst sie so durch die Macht des Feuers zur Transformation. Die Auflösung wird in dir neue Energie freisetzen, die du dann zum Kreieren einer neuen Alltagsfreude nutzen könntest.

Starr vor Angst können die meisten Menschen keinen klaren Gedanken mehr fassen, und sie können aus ihrem Dilemma nicht ganz einfach austreten. Sie denken: »Mit mir geht es abwärts!« Gebannt wartet man dann nur noch darauf, dass kommt, was man lange befürchtet hat. - Viele Ängste werden durch all die täglichen Nachrichten noch geschürt und genährt, bis alle der festen Überzeugung sind, dass die Welt schlecht ist, und so ist der Untergang bereits vorprogrammiert. Die durch schlechte Nachrichten geschürten Zukunftsängste sind die Grundlage, auf der menschliches Elend wachsen kann. Aber: **Die innere Einstellung von Angst und Mangel ist die größte Verführung, das Falsche zu wählen.**

Nur durch die Bewusstheit des Geistes finden wahre Veränderungen zum Guten statt. Starrsinn und Engstirnigkeit haben ihren Ursprung in zwanghaften Denkmustern, die mit der Zeit Spuren im Gehirn hinterlassen. So erfordert ein Umdenken höchste Konzentration. Es ist so, wie wenn gewisse Bereiche des Hirns geschädigt sind und neue Bereiche nun diese Funktionen übernehmen müssen. Die Gedankengänge müssen neu gelegt werden. Es ist vergleichbar mit rein physischen Hirnverletzungen, die zu körperlichen Ausfällen führen können.

Hierfür gibt es auch Therapieformen, in denen man die Bewegung des Körpers manuell stimuliert, um im Gehirn inaktive Hirnzellen dazu zu stimulieren, neue Aufgaben zu übernehmen. Genauso muss man sich den Ablauf auch bei Denkmustern vorstellen, die überwunden werden sollen. Jeglichem Destruktivismus muss mit großer geistiger Konzentration begegnet werden, und jeder Aufbau dauert seine Zeit.

Das Gesetz des Rhythmus bestimmt, dass jeder Täter »sein eigenes, zukünftiges Opfersein« bestimmt, und jedes Opfer wird solange einen Täter anziehen, wie es sich auf der gleichen Ebene aufhält. So leiden Menschen unter Ereignissen, die Jahre, ja Jahrzehnte zurückliegen - und die aber jeden Moment gegenwärtig sind, so dass eine Heilung nicht stattfinden kann. Bist du in einer solchen tragischen Notlage, so beginne zunächst damit, dir selbst zu vergeben, denn das tief verankerte Schuldgefühl in dir verlangt, dass du dich bestrafst. So sind Rachegedanken, Unversöhnlichkeit, Wut, Ohnmacht und Trauer ein Nährboden für weitere schlimme Ereignisse. Es ist nicht so leicht, aus dieser Negativität auszutreten, und oft wird diese noch durch falsche Berater und Helfer verstärkt, die dem Hilfesuchenden raten, sich ja nicht zu versöhnen und auf keinen Fall zu verzeihen. Leider gibt es auch viele Menschen, die sensationslüstern die Opfer-Täter-Geschichten anderer verinnerlichen und die somit ihren eigenen Horrorfilm erschaffen.

Man verzweifelt am Zweifel, und man erstickt an der Grobheit. Es ist immer unsere eigene Wahl, in welche Geschehnisse wir ein- und abtauchen.

Geben und bekommen sind Ereignisse, die sich stetig abwechseln. Geben wir von Herzen und ohne direkt etwas zurückzuerwarten, dann haben wir wirklich begriffen, um was es geht. Wer dagegen gibt und direkt etwas erwartet, der wird enttäuscht und frustriert sein. Erwarten heißt, ich beharre auf Ausgleich! Doch: Nichts ist unberechenbarer Zufall. Alles hast du dir selbst gegeben, das Gute wie auch das Schlechte. Wer gegeben hat, dem wird gegeben!

Der Ausspruch: »Ich habe mich damals für dich aufgeopfert, und nun bist du an der Reihe, dasselbe für mich zu tun! Ich erwarte, dass du nun dein Leben für mich aufgibst!« ist typisch für eine weit verbreitete Geisteshaltung und nährt die Zwangsvorstellung von Schuld und Verpflichtung. Lerne zu schätzen, was du erhältst, und sei dankbar für alles, was man dir schenkt, denn deine Dankbarkeit wird dir vermehrt Geschenke einbringen. Wer aus reinem Herzen gibt, wird immer gewinnen.

Wie wäre es, wenn du dich darüber freust, dass du großzügig sein kannst? Freue dich, dass es dir möglich ist, einen anderen Menschen zum Essen einzuladen. Mache dir damit selbst eine Freude, indem du dich mit der Freude des Beschenkten verbindest. Doch Vorsicht: Überprüfe deine wahre Absicht, denn das Leben schaltet unfehlbar und lässt sich nicht betrügen. Da kannst du dir sicher sein.

Zusammenfassung von Prinzip 5

geistige BeWEGung / Raum-Zeit-Kontinuum / Rhythmus / Wellenlänge / geistiges Niveau

Die geistige Meisterschaft verlangt nach der Erkenntnis, dass sich alles im geistigen Sinn bewegt und dass Zeit und Raum vergängliche Momente sind. Nichts steht wirklich still, es ist ein ständiges Auf und Ab sowie Hin und Her. Und eine Abwärtsbewegung kannst du zum Aufschwung nutzen, um eine höhere Seinsebene zu erreichen. Nutze deine Kraft, die dir im Jetzt zur Verfügung steht.

Die Schöpferkraft bahnt sich ihren Weg, um sich des eigenen geistigen Ausmaßes bewusst zu werden.

Akzeptiere jetzt, was ist, und setze bewusst eine neue Ursache, damit das geschieht, was du dir in Wahrheit wünschst. Zukunft ist das, was du heute geistig bestimmst, und zeigt sich darin, wie du jetzt handelst.

Strebe deine seelische Vervollkommnung an, und vertraue darauf, dass alles zu deinem Besten geschieht!

Loslassen bedeutet annehmen.

Deine Form des Gebens wird auch die Form deines Empfangens sein.

Zeit heilt nichts, sondern Zeit schafft lediglich Abstand zum vergangenen Geschehen. Alles, was geistig nicht verwandelt wird, kommt als zukünftige Realität wieder zu uns zurück. So schafft auch der körperliche Tod keine wirklich geistige Veränderung, sondern die Seele lebt in der nichtmateriellen Form weiter in ihren - geistig entsprechenden - Ebenen und »Be-Reichen«. So bringt eine Veränderung des Raumes - diesseits oder jenseits - nur beschränkt eine geistige Veränderung, weil letztendlich immer unsere uns innewohnende Geisteshaltung unsere erlebte Realität bestimmen kann. Die räumliche Veränderung scheint kurzzeitig etwas zu verändern, bis wir feststellen, dass »es« überall dasselbe ist, weil wir immer noch »dieselben« geblieben sind.

Unsere Erlebnisse verändern sich ständig, doch verharren wir in der «alten« Geisteshaltung, so enden sie immer mit dem gleichen Resultat. Du bist erwachsen, und dennoch kann es sein, dass du befürchtest, von deiner Mutter oder deinem Vater bestraft zu werden, wenn du dich auf eine bestimmte Art und Weise verhältst. Du siehst, die Zeit ändert nichts, wenn du dich nicht veränderst.

Wenn es dir dort, wo du zurzeit arbeitest, nicht gefällt, ändere zuerst deine Einstellung zu dem, was du tust, gib dein Bestes, und wenn es dann für dich keinen Sinn mehr macht, dort zu verbleiben, wird ein neues Angebot auf dich zukommen. Doch du kannst nichts Besseres anziehen, wenn du das, was du jetzt hast, verurteilst und bekämpfst. Merke dir diese Weisheit, und verändere, was sich verändern lässt. Deine Gedanken und Einbildungen sind der Macht DEINES Geistes unterstellt. Also beklage dich nicht über das unfaire Tun anderer, denn das raubt dir nur deine Kraft und bringt dich nicht wirklich weiter.

Die reine Absicht ist das Loslassen der Vergangenheit (nicht das Verdrängen), und sie zeigt sich in der konzentrierten Aufmerksamkeit in der Gegenwart. Nur die Gegenwart ist ewig, und darauf baust du dir nun deine Zukunft auf.

Vergangenheit ist Erinnerung - Zukunft ist Erwartung - Gegenwart ist reines Potenzial, das du frei für dein weiteres Erschaffen nutzen kannst.

Befreie dich von der Last der Vergangenheit, indem du dem, was jetzt ist, deine höchste Aufmerksamkeit schenkst. JETZT und immer nur jetzt wirkt dein schöpferisches Potenzial. Konzentriere dich auf die alltäglichen Geschenke, und speichere zuerst das »kleine Glück«, denn so wird alles zu deiner Freude wachsen.

Lasse jeden Widerstand los, indem du nicht auf deinem Standpunkt beharrst. Verliere dich nicht im Bemühen, andere von deinen Überzeugungen zu überzeugen und diese von ihrem Standpunkt abzubringen. Bleibe dir selbst treu, aber steige nicht in den Kampf ein, in dem es nur darum geht zu beweisen, wer Recht hat.

6. Prinzip:

Ursache und Wirkung

(Zeitlosigkeit / grundlegende Ausgangslage für alle Manifestationen / Auswirkung des Karmas / »Zu-Fall« und Verursacherprinzip)

Schuld gibt es nicht, es gibt nur Ursache und Wirkung. Wir setzen Ursachen und erleben Wirkungen.

Jede Wirkung hat ihre Ursache, und jede Ursache bestimmt die zukünftige Wirkung. Ursachen sind Gedanken und Handlungen.

Alles vollzieht sich in Zyklen und gewissen Zeitabständen und äußert sich in manifesten Existenzen. So können Jahre (oder manchmal sogar mehrere Leben) vergehen, bis wir den Mangel als Resultat zu spüren bekommen.

Unsere materielle Ebene ist Ausdruck manifesten Denkens. Da die Ursache für heutiges Erleben vielleicht in einem vorangegangenen Leben gesetzt wurde, überfordert es den Verstand, das vermeintlich

Unfassbare zu begreifen, und wir sind schockiert über das, was uns so unerwartet zu treffen scheint.

Das Prinzip von Ursache und Wirkung heißt, dass durch die Wirkung ein geistiger Prozess seinen Abschluss findet. Daher ist es wichtig, das Ereignis anzunehmen und sich nicht dagegen zu wehren, sondern es durch die Macht der geistigen Gegenwart zu heilen und im besten Sinn zu verändern. Bedenke: Nur die vollständige Annahme macht es möglich, dass es sich sehr schnell auflösen kann. Diese Erkenntnis verkürzt den Moment des Leidens, und der Schmerz verschwindet, weil er keine Signalwirkung mehr haben muss. Schmerz zwingt uns dazu, unsere Situation anzunehmen und bewahrt uns vor Verdrängung. Das tatsächliche Ereignis könnte also die Erlösung von einem alten Übel bedeuten. **Erkenne das Ende aller Dinge, und begreife den Anfang aller Dinge!** Begreifen und anerkennen wir, dass das tatsächliche Ereignis eigentlich das Ende eines Zyklus anzeigt, so können wir diesen Moment als Chance nutzen, uns völlig neu auszurichten. In einem solchen Fall gehen wir gestärkt daraus hervor, und später werden wir sagen können: »Es war das Beste, was mir hat passieren können, denn dadurch habe ich meine Kraft neu gefunden.«

In meiner Praxis habe ich oft erlebt, dass Menschen zu mir kamen, nachdem ihnen Dinge widerfahren sind, die aufgrund ihres Karmas geschehen mussten. Sie bekamen nun aber die Gelegenheit, sich neu und bewusst auszurichten. Ein solches Ereignis bewegt Menschen in einem tief greifenden Sinn, und es ist unmöglich, über es hinwegzusehen. Ich weiß, dass ich solchen Menschen nun mit meinen Fähigkeiten helfen kann zu begreifen, warum geschehen musste, was geschah, und was sie nun bewusst umstellen sollten.

Der Grad der karmischen Erfahrungen ist je nach der persönlichen und selbst gewählten Ausrichtung unterschiedlich stark im Erleben. Beispiele:

Karma 1. Grades: Ich bin eine Rabenmutter, vernachlässige meine Kinder und wenn diese mich nerven, schlage ich schon mal zu. Nun bin ich im darauf folgenden Leben das Kind einer solchen Mutter. Ich bin diesem Geschehen körperlich, seelisch und geistig voll ausgeliefert, denn in der Position eines Kindes sind meine selbstbestimmten Veränderungsmöglichkeiten stärker eingeschränkt. Bekomme ich nicht Hilfe durch eine aufmerksame Mitwelt, muss ich diese schmerzliche Erfahrung voll über mich ergehen lassen.

Karma 2. Grades: Ich bin erwachsen und lebe in einer Partnerschaft, in der ich von meinem Partner bedroht werde und in der mir Gewalt angetan wird. Ich könnte den Mann verlassen, doch es ist mir aufgrund meines mangelnden Selbstwertgefühls nicht möglich. Ich fühle mich nicht in der Lage, mich zu widersetzen oder ganz einfach zu gehen. Die Schläge sind eine andere Form von Aufmerksamkeit, die genau zu meiner Minderwertigkeit passen. Bekomme ich nicht wirklich Hilfe von mitfühlenden Menschen, werde ich diese Misere voraussichtlich sehr lange ertragen.

Karma 3. Grades: Ich bin mit mir im Reinen, gebe mein Bestes und bin immer darauf bedacht, alles richtig zu machen. Ich habe eine Familie, und nun verunglückt oder erkrankt mein Kind. Ich muss vielleicht hilflos zuschauen, wie mein

Kind leidet, denn meine Fähigkeit zu helfen, scheint eingeschränkt. Die innere Hilflosigkeit und die Angst, mein geliebtes Kind zu verlieren, lähmen und bedrohen mein Glück.

Solche Ereignisse und Lebensumstände verlangen die totale Annahme, und dann muss man sich die Zeit zur inneren Neuausrichtung nehmen. Da die eigenen Muster diese Realität erschaffen, ist es manchmal fast unmöglich, alleine aus der Misere herauszufinden. Dazu ist ein **neutraler Berater** nötig, der die Situation nicht bewertet und beurteilt. Die meisten Berater beraten allerdings meist in ihrem eigenen Interesse. Vor allem wenn ein Partner seiner Partnerin einen Rat gibt oder wenn Eltern ihren Kindern raten, dann sind diese meist nicht frei davon, im Rat auch ihre eigenen Interessen zu erfüllen.

Für jegliche Form von Gewalterfahrung findet man die Ursache in der Vergangenheit. Es ist eine große Herausforderung für jedes Gewaltopfer, sich mit der erlebten Tat und dann auch mit dem Täter zu versöhnen. Hier ist wirklich ein allumfassendes

Verständnis nötig, ansonsten wird man aus der Tragik und dem Elend nicht aussteigen können. Ohne Hilfe ist dies kaum zu schaffen. Gelingt es nicht, den inneren Frieden wieder herzustellen, indem man jegliche Ängste, Wut und Rachegedanken besiegt, dann bleibt die negative Vorstellung weiter bestehen, und sie wird somit wieder *ihre* Wirkung haben. Opfer und Täter bleiben weiter durch die Emotion von Schuld verbunden, und sie müssen sich in der Tat abwechseln, d. h. das Opfer wird selbst irgendwann wieder zum Täter, und der Täter wird wieder zum Opfer. Ist die Ursache erst einmal gesetzt, erkennt man nur noch selten ihre Wirkung, wenn diese in einer folgenden Inkarnation eintritt. Daher bleibt der Grund für Frustrationen, für seelische Schäden und Lebensschwierigkeiten so oft verborgen. Schicksalsschläge und schwierige Lebensumstände werden als grausam, ungerecht und unfair empfunden, dabei ist es nichts anderes als die einfache Folge von Ursache und Wirkung.

Eine kleine Geschichte dazu: Maria ist das jüngste Kind einer Familie, und sie hatte einen Bruder und drei Schwestern, ist nie eine Partnerschaft eingegangen und war in der Mütterberatung tätig. Sie kam im Alter von 60 Jahren in meine Praxis. In der Inkarnation zuvor war sie eine einfache Frau gewesen, die vier Kinder hatte, der Ehemann war Trinker und wurde in betrunkenem Zustand gewalttätig. In einem solchen Moment eskalierte die Gewalt, und er erschlug Maria, die mit diesem Eindruck verstarb. Ich sah, dass sie sich - in der seelischen Vorstellung - die Schuld dafür gab, dass sie diesen Mann nicht verlassen hatte und dass sie vor allem ihre Kinder nicht vor diesem Elend geschützt hatte. Dieses Bewusstsein war die Ausgangslage für dieses Leben: Ihr Vater, der ein einfacher Handwerker war, sorgte für die Familie und gab sein Bestes. Aber in bestimmten Abständen überkam ihn die Wut, und er verprügelte grundlos seinen Sohn. Die Mutter griff nicht ein, und die vier Schwestern schauten hilflos zu. Als Maria in meine Praxis kam, um mehr Klarheit über ihr Leben zu bekommen, sagte sie mir, dass diese erlebte Gewalt sie davon abgehalten hat, einen Mann in ihre Nähe zu lassen oder gar eine Partnerschaft einzugehen. Sie konnte nicht verstehen, warum ihr Vater so gehandelt hat. In diesem Moment meldete sich die verstorbene Seele des Vaters, und er sagte: »Es hat mir in der Seele weh getan, dass ich das habe tun müssen. Im Leben zuvor war ich der Sohn meines Sohnes, und ich konnte ihm seine Gewaltausbrüche an mir nicht vergeben, und so war ich gezwungen, dasselbe zu tun. Nun bin ich dadurch nicht besser oder davon erlöst. Meine Erkenntnis darüber, die ich auf diesem Weg teilen kann, könnte nun einen Menschen, der eine ähnliche Situation erlebt, anleiten, anders zu handeln, und dadurch wäre ein Teil meiner Schuld getilgt.«

Im persönlichen Pentagramm oder im Horoskop kann ein Sehender solche Abläufe durchaus erkennen. Ist die Wirkung nun in der Tat geschehen, so ist man frei, wenn man das Ganze versteht. Leider halten viele Menschen an ihrer Opfervorstellung fest und warten auf den Moment, in dem sie ihre Genugtuung in der harten Bestrafung des Täters haben. Gefängnisse könnten dazu dienen, unbelehrbare Täter davor zu bewahren, sich weiter zu verschulden, so dass das Elend auf dieser Welt einmal ein Ende nehmen könnte. Es gibt viele Täter, die irgendwie froh sind, dass sie ihre Taten nicht fortsetzen können. Ich stelle aber auch häufig fest, dass sich Opfer schuldig fühlen. Woher kommt diese Haltung? Wer die Gesetze des Lebens begreift, versteht alles, was geschieht. Wer Zerstörung verlangt, wird selbst zerstört werden. Ein bewusstes Miteinander, Liebe und geistige Schulung könnten die Sozialisierung von Opfer und Täter wieder möglich machen.

Es braucht ein tiefes Verständnis und den Respekt auch gesellschaftlichen Außenseitern gegenüber , wenn aus dieser Welt eine bessere werden soll. Nur wer Angst hat, hat etwas zu befürchten. Zu allen Zeiten sind wir beeinflusst durch die Mitwelt, daher ist diese für die Entwicklung mitverantwortlich. Wir beeinflussen und stehen selbst unter Einfluss. Aus diesem Grund kann man nie wirklich eine verbindliche Aussage über die mitgebrachte Konstellation (Pentagramm, Horoskop) machen, wenn man nicht die direkte Mitwelt mit einbezieht. **Die Kombination des Ganzen zeigt die persönlichen Möglichkeiten und Herausforderungen auf.**

Mit den uns innewohnenden Mustern bestimmen wir unser Handeln und unsere Erwartungen.

Wir stellen uns bereits im Voraus auf mögliche Mängel ein, weil wir uns nichts Besseres vorstellen können, solange wir noch vom Schlechten ausgehen. Nur ist uns dies meist nicht wirklich bewusst. Doch die Resultate zeigen uns die schonungslose Wahrheit.

> Beispiel: Ich bin in einer großen Familie aufgewachsen. Meine Eltern liebten sich wirklich, und es war nie ein Thema, dass sie ihre Partnerschaft in Frage gestellt hätten oder dass einer der beiden sich überlegt hätte, einen anderen Partner/eine andere Partnerin zu haben. Ich aber habe mir, bevor ich überhaupt einen Partner hatte, überlegt, was ich tun würde, wenn dieser fremdgehen würde. Von meinen Eltern konnte ich diese Gesinnung nicht haben, aber woher kam sie? Ich forschte nach, was vor dieser Zeit war, und fand eine Geschichte, die sich in diesem Leben im umgekehrten Sinn wiederholte. Ich hatte im Leben zuvor meinen Partner für einen jüngeren Mann verlassen, und in diesem Leben nahm sich mein Ehemann eine jüngere Geliebte. Bereits in der Pubertät

bereitete ich mich auf den Schmerz des Verlassenwerdens vor. Ich hatte keinen anderen Gedanken, und so kam es mir nicht in den Sinn, mir vorzustellen, dass die Partnerschaft herzliche Erfüllung bringen könnte. So wurden meine Befürchtungen Wirklichkeit - und das nicht, weil die Männer nicht treu sein können, sondern weil meine innere Gesinnung meine Überzeugung bestimmte. Diese ließ nichts anderes zu. Ist es nicht paradox, dass ich - ohne einen konkreten Menschen vor mich zu haben - mir bereits einen Notfallplan ausgedacht habe. Ich habe mich auf den schlimmsten Fall eingestellt, und es kam mir gar nicht in den Sinn, »es« mir »einfach gut« vorzustellen. »Was tue ich, wenn ...?« Ich hatte einfach keinen anderen Gedanken. Es stand kein Mann vor mir, der mir vorgeschlagen hätte, eine Dreiecksbeziehung zu leben. Doch meine Befürchtung musste dazu führen, dass der Partner, den ich liebte, mich betrügen würde. Dabei war aber auch interessant zu beobachten, dass mein damaliger Partner, der mich sehr liebte, von Anfang an befürchtete, ich würde ihn gegen einen jüngeren, attraktiveren und reicheren Mann austauschen.

Ich lebe sehr bewusst und achte darauf, dass ich offen sage, was ich fühle, denn dies gehört zum Respekt im wahren Miteinander. Die Wahrheit ist, zwei Menschen, die das Gleiche befürchten, ziehen sich an, um sich im Rollenspiel des Lebens erneut zu erleben. Nichts ist zufällig, oder anders gesagt, es fällt alles auf uns zurück! Es dauerte seine Zeit, bis ich meine Denk- und Gefühlsmuster mit ihrer vollen Auswirkung begriffen hatte. Als ich in der befreienden Erkenntnis gereift war, spürte ich sofort eine Leichtigkeit und eine unbeschreibliche Zuversicht in mir, denn ich bestimmte Folgendes und habe mein Partnerschaftsprogramm geändert in: Ich ziehe nun den Seelenpartner an, der mit mir die gleiche Vorstellung von wahrer Partnerschaft teilt und der bereit ist, diese im täglichen Alltag zu verwirklichen! Bis man reif ist, Partnerschaft auf einem sehr hohen Niveau von wahrer Liebe, Respekt und absoluter Offenheit zu leben, begegnen wir vielen »Übungspartnern«, mit denen wir unsere verborgenen

Ängste und Befürchtungen erkennen und heilen können. Wer weiß, vielleicht verwandelt ja die wahre Liebe Frösche in Prinzen und Kröten in Prinzessinnen!

Die Ursache findet ihre Wirkung in der Realität, und so kann die Geschichte ein Ende haben.

Unser Leben setzt sich fort und hat nicht erst mit der physischen Geburt seinen Anfang gefunden. Die jetzige Rolle und das damit verbundene Spiel (Theater, Film) lässt uns die Geschichten wirklich erleben, die wir uns selbst geistig ausgedacht haben. Bedenke: Du bist gleichzeitig Regisseur, Schauspieler, Statist und Zuschauer in deinem Lebenstheater. Hast du das ganze Theater satt, dann mache aus deinem Drama einfach ein Lustspiel, in dem du ein neues Drehbuch schreibst. Möchtest du ein Happy-End erleben, so stelle dir vor, wie es sein könnte, und dann lebe dein Leben - und freue dich auf alles, was kommt.

Erkennst du die »glücklichen Zufälle« in deinem Lebensalltag, oder richtest du dein Augenmerk nur noch auf das, was dich behindert? Bist du überzeugt davon, dass du ein Pechvogel bist? Dann wirst du viele »schwarze Tage« erleben. Entscheide dich doch einfach dafür, dass du ein Glückskind bist, und vertraue darauf, denn allein diese Einstellung könnte dir das Glück ins Haus bringen. Befreie dich davon, dass du dir Sorgen machen musst, denn damit setzt du den Grund für besorgniserregende Zustände.

Im Gesetz von Ursache und Wirkung spielt die Zeit eine wesentliche Rolle. In der materiellen Ebene gibt es die messbare Zeit, die durch das dreidimensionale Phänomen der Sonne bestimmt ist. Ich nenne es hier die materielle Zeit, die uns hilft, dass wir uns zu einem bestimmten Zeitpunkt an einem bestimmten Ort treffen können. Es gibt aber auch die »spirituelle Zeit«, die uns ein Erlebnis empfinden lässt. Diese »gefühlte Zeit« lässt sich beliebig verlangsamen oder aber beschleunigen bzw. verkürzen. In der geistigen Welt ist Zeit also die Frist, die jede einzelne Seele braucht, um zu einer befreienden Erkenntnis zu gelangen.

Viele Menschen bestrafen sich mit der Vorstellung von Zeitnot, Zeitdruck und Zeitmangel, und dies geht so weit, dass man sich nicht mehr erholen und regenerieren kann. Je mehr die Menschen Zeit sparen wollen, umso weniger Zeit haben sie. Sparen basiert immer auf einem Mangel, und so ist die Ursache des Mangels auch das Resultat des Mangels. Immer wenn ich viel zu tun habe, dann aktiviere ich den Fluss meines Geistes damit, dass ich meine Arbeitszeit morgens wie folgt bestimme: »Die Zeit heute von 8 Uhr morgens bis abends um 18 Uhr ist so schnell vorbei, als wären es nur 90 Minuten«, und ich erlebe, dass alles reibungslos klappt und dass ich so alles mit Leichtigkeit erledigen kann. Abends habe ich dann wirklich das Gefühl, als hätte ich nur 90 Minuten gearbeitet. Das Phänomen dabei ist, dass jeder, der zu mir in die Praxis kommt - also in meine bestimmte Realität - die gleiche Leichtigkeit empfindet. Meine Freizeit, also die Zeit, in der ich keine Termine vereinbart habe, dehne ich mit der Vorstellung »Der heutige Tag ist so lange, als wären es zwei Tage«, und ich erlebe, dass ich doppelt so viel Zeit für alles habe.

Von nichts kommt nichts! Wer nicht weiß, was er will, wird die vorhandenen Möglichkeiten nicht erkennen und demzufolge auch nicht nutzen können.

Zusammenfassung von Prinzip 6:

Ursache und Wirkung / Zufallsprinzip

Die geistige Meisterschaft verlangt:
JETZT ist die Chance zur grundlegenden Veränderung. Gestern und morgen sind Zeitzeugen des jetzigen Zustandes!

Es fällt uns zu, was wir vorausgehend bestimmt haben! Alles kommt zu seiner Zeit. Gedanken reifen heran und manifestieren sich in konkreten Geschehnissen.

Jetzt ist deine stärkste Zeit!

Lerne loszulassen, indem du jetzt akzeptierst, was ist, und setze deine schöpferische Macht dazu ein, das zu erreichen und zu erleben, was du willst - der

Schlüssel dazu liegt in deiner **gezielten Absicht.** Lasse dich durch nichts beirren, und kümmere dich nicht darum, wie lange es dauern könnte. Die Frage nach der Zeit würde nur deinen Zweifel zeigen.

Es gibt keinen Zufall, oder alles ist Zufall, denn die »Re-Aktion« ist die Ernte auf vorangegangene Aktionen. Jeder Gedanke ist geistige Vorstellungskraft, die immer ihre Wirkung hat, und die heutige Wirkung hat ihre Ursache im vergangenen Denken! **Die Ursache für die zukünftige Wirkung ist JETZT!** Du bestimmst JETZT, was du morgen erleben wirst. Sei dir in diesem Moment bewusst, was du tust und welche Folgen du damit setzt.

Der zwanghafte Grund zur Wiedergeburt ist der Wunsch der Seele, sich von negativen Zuständen zu befreien, denn ansonsten würde sie in »Unterwelten« stecken bleiben. Karma ist Bringschuld, das heißt, du musst das Doppelte geben, das Doppelte leisten, auch wenn du jetzt noch nicht das Gleiche zurückbekommst. Jede schlechte Tat erfordert die Wiedergutmachung mit zwei guten Taten, um in der Tat eine positive Seelenbilanz zu erhalten. Aufgrund der neu geschaffenen Lebensgrundlage ist der Aufstieg in höhere Seinsebenen möglich. – Betrachte nun jede Schwierigkeit als ein Geschenk des Himmels, denn mit der Meisterung der vorhandenen Schwierigkeiten schaffst du den Aufstieg und erlebst unbeschreibliche Freude. Jedes Problem ist eine Chance zu wachsen, und mit der Lösung sammelst du Punkte für dein Seelenkonto. Stehe zu deiner Wahl, denn es war dein Wunsch, diesem Mangel zu begegnen und dadurch deine wahre Stärke wiederzufinden.

7. Prinzip:

Geschlechtlichkeit

(Schöpfungsprinzip / Vereinigung / Wirkung von Eingabe und Aufnahme / Zusammenwirken / »Hochzeit der Seelen«)

Gott als unfassbares, ewiges Nichts vereinigt sich mit der ewigen Liebe, und dies führt zur Geburt der Seelen!

Alles ist die VerEINigung des männlichen und weiblichen Prinzipes, jeder Schöpfungsakt geschieht nach diesem Prinzip. Das Männliche befruchtet das Weibliche, und das Weibliche nimmt das Männliche auf und bringt beide Seelenkerne zur Entwicklung. In jeder Schöpfung vereint sich demnach das Männliche mit dem Weiblichen, und dies geschieht in einer absoluten Gleichgültigkeit. In jedem von uns ruht das Bedürfnis nach totaler Verschmelzung, um wahre EINheit zu erfahren. Die totale Verschmelzung im allumfassenden Sinn ist das höchste seelische Ziel. Das Prinzip der

Geschlechtlichkeit fordert uns auf, unsere weibliche Seite mit unserer männlichen Seite in Einklang zu bringen. Die Verschmelzung dient der Erzeugung von neuem Leben und der Vereinigung von Seelen zu einem kosmischen Ganzen.

Genauso haben wir zwei Gehirnhälften. Die rechte Gehirnhälfte ist der Sitz der Weiblichkeit, der Gefühle, und sie ist unsere intuitive Verbindung zu unserer geistigen Ebene (hohes Selbst). Über die weibliche Seite beziehen wir Inspirationen von unserer Überseele, solange wir in unserem Gefühl nicht blockiert sind. Die linke Gehirnhälfte ist der Sitz der Männlichkeit, also unserer rationalen Vorstellungen, über die wir unsere materielle Realität formen. Auf der rechten Gehirnhälfte sind nun unsere Erinnerungen und Erfahrungen aus Vorleben gespeichert. Die mitgebrachten Ängste und Befürchtungen steigen in den Momenten hoch, in denen unser Gefühl angesprochen wird. Wir können uns diese Ängste nicht erklären, weil wir keinen Grund dafür finden, zumindest keinen, der unserem Verstand eine Erklärung liefert.

Wie oft kann man beobachten, dass ein Kind sagt: »Ich habe Angst«, und die Eltern antworten: »Du brauchst keine Angst zu haben«. Die Ignoranz verstärkt aber die Angst in uns, und sie wächst, bis sie unser Leben bestimmt. Jede Angst und Befürchtung ist begleitet durch die »passenden Gedanken«. Diese negativen Gefühle gilt es zu heilen, doch ist dies nicht so einfach, vor allem dann, wenn die Angst bereits Macht über unser Leben hat. Angst kann nicht mit dem Verstand aufgelöst werden. Angst muss zuerst einmal zugelassen werden, damit man sie auflösen kann. Unterdrückt man seine Ängste, schenkt man mit dieser Haltung der Angst bereits seine Aufmerksamkeit, und sie wird durch die Anstrengung des Unterdrückens immer mehr Energie erhalten und so zu einem wahren »Monstrum« heranwachsen.

Die rechte Gehirnhälfte ist der Speicher der Gefühle und Emotionen, die nur mit der bewussten Macht des Geistes gesteuert werden können. Die linke Gehirnhälfte ist sozusagen der Sitz der persönlichen Unternehmensleitung, also hier sitzt der Chef, der die Entscheidungen trifft und der das weitere Vorgehen in dieser materiellen Realität bestimmt. Hier sollte der persönliche Geist der Herrscher sein. Leider sitzt aber bei den meisten Menschen der Verstand an dieser Stelle, der eigentlich nur ein Diener sein sollte. Der Verstand spielt sich als Herrscher auf und ignoriert das vorhandene Gefühl, das »aus der Erfahrung spricht«.

Wir schaffen Einheit durch das Vereinen von Geben und Empfangen.

Das Prinzip der Geschlechtlichkeit kommt in der Partnerschaft am deutlichsten zur Geltung. Die innere Frau und der innere Mann suchen die Verschmelzung, also die Vereinigung mit dem Gegenpol. Frauen, die eine »schwache Weiblichkeit« haben, nehmen häufig die kindlichen Züge eines Mädchens an. Der Partner befiehlt und kontrolliert dann wie ein Vater, der seiner Tochter Anweisungen gibt. Ist dagegen der männliche Pol in einer Frau schwach, so wird sie immer wieder »schwache Männer« anziehen, sie wird die Rolle einer Mutter in der Partnerschaft einnehmen und ihrem Mann beispielsweise sagen, wann er den Müll runtertragen soll. Frauen mit einem »schwachen männlichen

Pol« übernehmen häufig die Aufgaben, die eigentlich der Mann machen sollte, und am liebsten machen sie alles selbst.

Männer, die eine »schwache Weiblichkeit« haben, ziehen oft unsichere Frauen an, die sich nicht wirklich viel zutrauen. Er übernimmt dann immer mehr auch ihre Aufgaben. Männer, die einen »schwachen männlichen Pol« haben, sind Frauen gegenüber sehr unsicher und haben meist dominante Partnerinnen, die herrschen und kontrollieren. Er ist wie ein kleiner Junge, der seiner Mutter alles recht machen und bloß keinen Ärger haben will.

Solange diese Pole in uns nicht ebenbürtig sind, werden auch die Partnerschaften schwierig bleiben, und sind die beiden Pole in uns unterschiedlich stark, so kommt dies in unseren Partnerschaften sichtbar zum Ausdruck. Wir ziehen an, was uns spiegelt und unserem Inneren entspricht.

Doch solche Mängel kann man mit folgenden Programmierungen beheben: »Männlichkeit STÄRKEN« oder aber »Weiblichkeit STÄRKEN«. Hat man dieses über 40 Tage getan, könnte man diese beiden Pole aufeinander abstimmen, indem man

»Weiblichkeit und Männlichkeit in mir HARMONISIEREN« verankert. – Wenn deine »innere Frau« zu wenig Aufmerksamkeit bekommt, so ändere dies mit dem Befehl »meine weibliche Seite STÄRKEN«; das Gleiche gilt natürlich auch umgekehrt.

Da das Prinzip der Geschlechtlichkeit unser Beziehungsschema zum Ausdruck bringt, können wir unsere eigene Unausgeglichenheit mittels unserer Befürchtungen erkennen. Vereine deine innere Frau mit deinem inneren Mann, und bringe sie in Balance zueinander, indem du sie harmonisierst. – Dies braucht ein wenig Zeit, Konzentration und Ausdauer. Also gib nicht gleich auf, wenn du nicht sofort ein sichtbares Resultat erhältst. Bleibe dran, es wird sich mit Sicherheit für dich lohnen!

Zusammenfassung von Prinzip 7:

Geschlechtlichkeit / Gott und die Liebe / Schöpfungsmacht

Die geistige Meisterschaft verlangt, dass wir unsere Schöpfungsmacht bewusst begreifen, indem wir erkennen, dass der Gedanke (männlich) sich mit dem Gefühl (weiblich) EINen muss, damit der Schöpfungsprozess vollzogen werden kann.

Der männliche und der weibliche Teil müssen verEINt werden, und dies gelingt, wenn beide Teile *gleich*gültig sind.

Dein Ziel könnte jetzt sein, dass du ganz klar bestimmst, dass sich deine weibliche Seite mit deiner männlichen Seite verbindet und du so die Erfahrung eines vollkommenen Ganzen machen könntest. Dein Wunsch und deine Absicht wirken als Befehl und werden ihre Wirkung haben. Strebe die Vereinigung deiner »zwei Seelen in einer Brust« an, und du erlebst das, was man »kymische Hochzeit« nennt.

Wenn du deine Realität verändern oder neu erschaffen willst, dann ist ein »klarer Gedanke« von dir nötig und gleichzeitig »das Gefühl von dir«, das dich in den Zustand versetzt, als würdest du das, was du dir wünschst, bereits erleben.

Im Kopf kannst du die Welt nicht verändern, sondern nur durch die Verschmelzung von Geist und Gefühl. Darum können Verstandesmenschen diese Welt nicht verbessern, sondern nur die Menschen, die mit Gefühl und mittels ihrer geistigen Vorstellung alles für möglich halten; sie sind diejenigen, die entgegen der allgemeinen Vorstellung das Unmögliche möglich machen.

Setze dir ein Ziel, und fühle dich wie ein Sieger, der sein Ziel bereits erreicht hat.

Schlusswort

Unser »Hier-Sein« gilt dem Fortschritt und dem Wachstum. Wie groß die einzelnen Schritte sind und wie schnell jeder Einzelne weiterkommt oder ob er gar stehen bleibt sowie im schlimmsten Fall gar Rückschritte macht, hängt vom Willen des Einzelnen ab! Alles ist möglich! Aber möglich wird nur, was jeder Einzelne für möglich hält.

Möge die Weisheit der höchsten Geisteskraft in jedem Einzelnen die Herrschaft übernehmen, und möge die Liebe in allen Schöpfungen Heilung und Freude hervorbringen. Möge das Beste in jedem Menschen zur Geltung kommen, und mögen wir gemeinsam diese Welt in ein Paradies verwandeln! DANKE!

Franziska Krattinger

hat schon seit frühester Jugend die Fähigkeit, die Aura von Menschen und Tieren zu sehen. Daraus entwickelte sie u. a. Einsichten über das Zusammenwirken aller Dinge. Seit 20 Jahren setzt sie ihre Fähigkeiten erfolgreich für die Beratung von Menschen in vielen Berufen ein und gibt außerdem Seminare in Lebens- und Bewusstseinsentwicklung.

256 Seiten, broschiert
€ [D] 12,90
ISBN 978-3-89845-232-8

Franziska Krattinger

Machtworte

Was Worte machen können

Dass sich mit dem richtigen Wort zur rechten Zeit jede Situation verändern lässt, je nachdem, welche Energie mit diesem Wort in die entsprechende Situation strömt, haben schon viele Menschen selbst erfahren.

Schaltworte, Kraftworte – die Autorin stellt in diesem Buch 72 solcher Worte mit magischer Wirkung vor und führt uns gleichzeitig eindrucksvoll die Macht des Wortes vor...

Denn eines dieser magischen Worte genügt schon, um einen unterbrochenen energetischen Fluss wieder zum Fließen zu bringen – und so alles wieder in die richtige Bahn zu lenken!

160 Seiten, broschiert
€ [D] 10,90
ISBN 978-3-89845-152-9

Franziska Krattinger

Ein Wort genügt!

... sich einfach umprogrammieren

Schalten Sie einfach um! – Manchmal genügt ein einziges Wort, um verborgene Haltungen ans Licht zu bringen oder Einstellungen zu ändern. Dabei gibt es spezielle Worte, die gleichsam eine magische Wirkung haben, da sie die Schlüssel zu unserem Unterbewusstsein sind: Schaltworte.

„Schalten auch Sie einfach um" – und beobachten Sie die Veränderungen in Ihrem täglichen Leben, ohne dass Sie bewusst daran denken oder eine Vorstellung der Lösung haben müssen. Nutzen Sie die Kraft, eine Situation augenblicklich im besten und idealen Sinn zu verändern

160 Seiten, broschiert
€ [D] 9,90
ISBN 978-3-89845-054-6

Franziska Krattinger

Erfolgsrezepte

Greife nach den Sternen, wenn du wachsen willst!

Menschen leben in ihren Gewohnheiten, und sie wiederholen sich ständig. Um seine Gewohnheiten, die allein aus fixiertem Denken entstehen, zu ändern, muss der Mensch zuerst auf andere Gedanken kommen. Denn andere Gedanken bringen neue Vorstellungen und neue Vorstellungen bringen neue Lebenssituationen. Die richtige Einstellung macht jeden Menschen zum Gewinner! Franziska Krattinger hilft den Menschen, auf andere Gedanken zu kommen und so ihr Leben mit wahrer Freude, tiefer Liebe und verstärktem Bewusstsein dauerhaft zu verändern um sich so den Weg durch den Alltag zu erleichtern.

184 Seiten, gebunden
€ [D] 17,90
ISBN 978-3-89845-242-7

Brenda Barnaby

Das Geheimnis hinter »The Secret«

Alle Geheimschlüssel der populären Botschaft, die Rhonda Byrne in ihrem Werk "The Secret – Das Geheimnis" verkündet, werden hier enthüllt, um jedem von uns Zugang zu seinem eigenen Weg zu vermitteln. Daneben enthält dieses Werk eine Sammlung von Tipps und Methoden zur Persönlichkeitsentwicklung, die von den bedeutendsten Experten unserer Zeit auf dem Gebiet des Positiven Denkens stammen. Sie halten hiermit zweifelsohne ein Buch von unschätzbarem Wert in Händen, das Ihr Leben verändern kann, wenn Sie bereit sind für ein Leben voller Erfolg, Wohlstand, Gesundheit und Harmonie.

152 Seiten, broschiert,
€ [D] 6,95
ISBN 978-3-89845-250-2

Elizabeth Clare Prophet & Mark L. Prophet

Saint Germain

Aus der Fülle schöpfen

Fülle ist mehr als nur Geld. Fülle bezeichnet den Energiefluss, der sowohl als spiritueller als auch als materieller Reichtum aus der kosmischen Quelle zu uns herabströmt. Fülle bedeutet Liebe und Weisheit, Talente und Fähigkeiten, Geld und materielle Besitztümer – all das, was wir benötigen, um unsere Lebensaufgabe zu erfüllen. Die Möglichkeiten, aus der Fülle zu schöpfen, sind unbegrenzt, und anhand der Anleitungen eines der größten Meister, St. Germain, und der einfachen, detailliert beschriebenen Techniken ist es auch Ihnen möglich, aus Ihrer persönlichen Alchemie der Fülle schöpfen zu können ...

176 Seiten, broschiert
€ (D) 6,95
ISBN 978-3-89845-124-6

Gabriele Köstinger

Numerologie

Die Wurzeln der Zahlenweisheit

Das Mysterium, das die Zahlen in sich bergen, ist seit Jahrtausenden Grundlage von Untersuchungen – hinter jeder Zahl verbirgt sich eine Wissenschaft. Bereits die Chaldäer, die Ägypter, die Essener und natürlich auch die alten Weisen der arabischen Welt waren Meister in der verborgenen Bedeutung der Zahlen.
Entdecken nun auch Sie diese einfache und doch so aussagekräftige Art der Charakter- und Schickssalsdeutung, um wichtige Erkenntnisse zu Ihren Fähigkeiten, Eigenschaften und Aufgaben in diesem Leben zu erhalten. Lüften Sie das Geheimnis Ihrer persönlichen Zahlen!